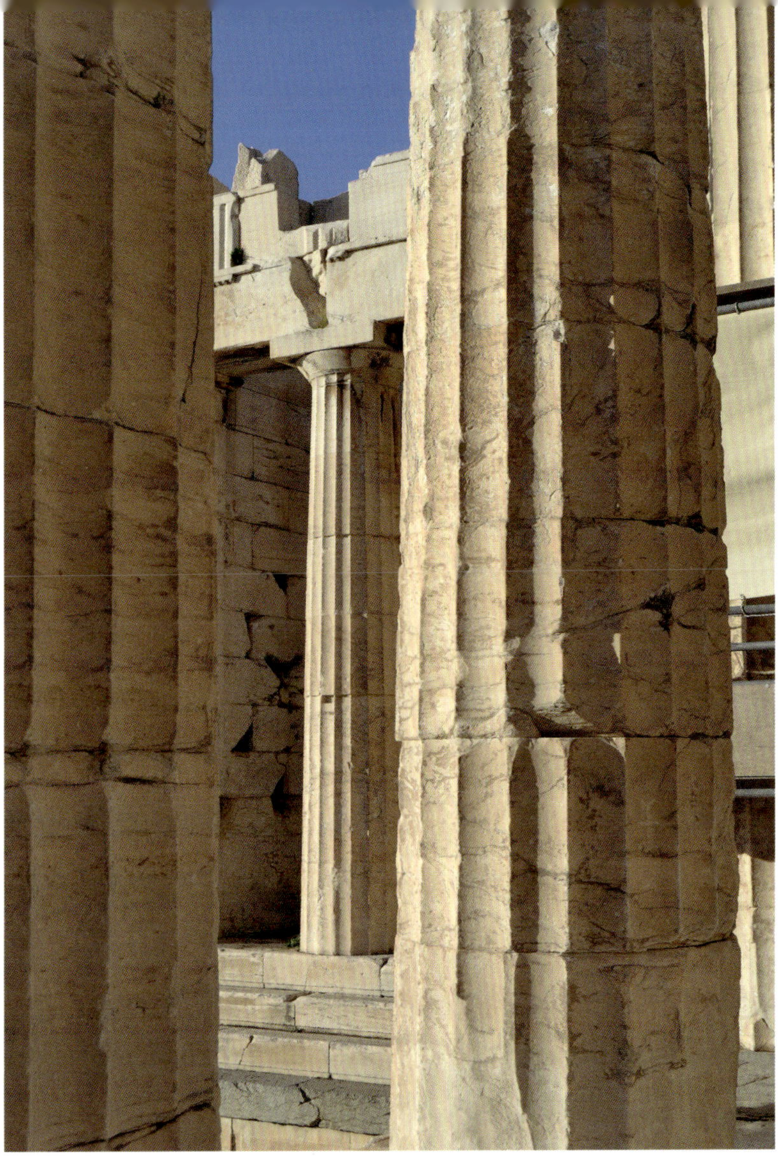

L'ACROPOLE

Visite du musée et des monuments

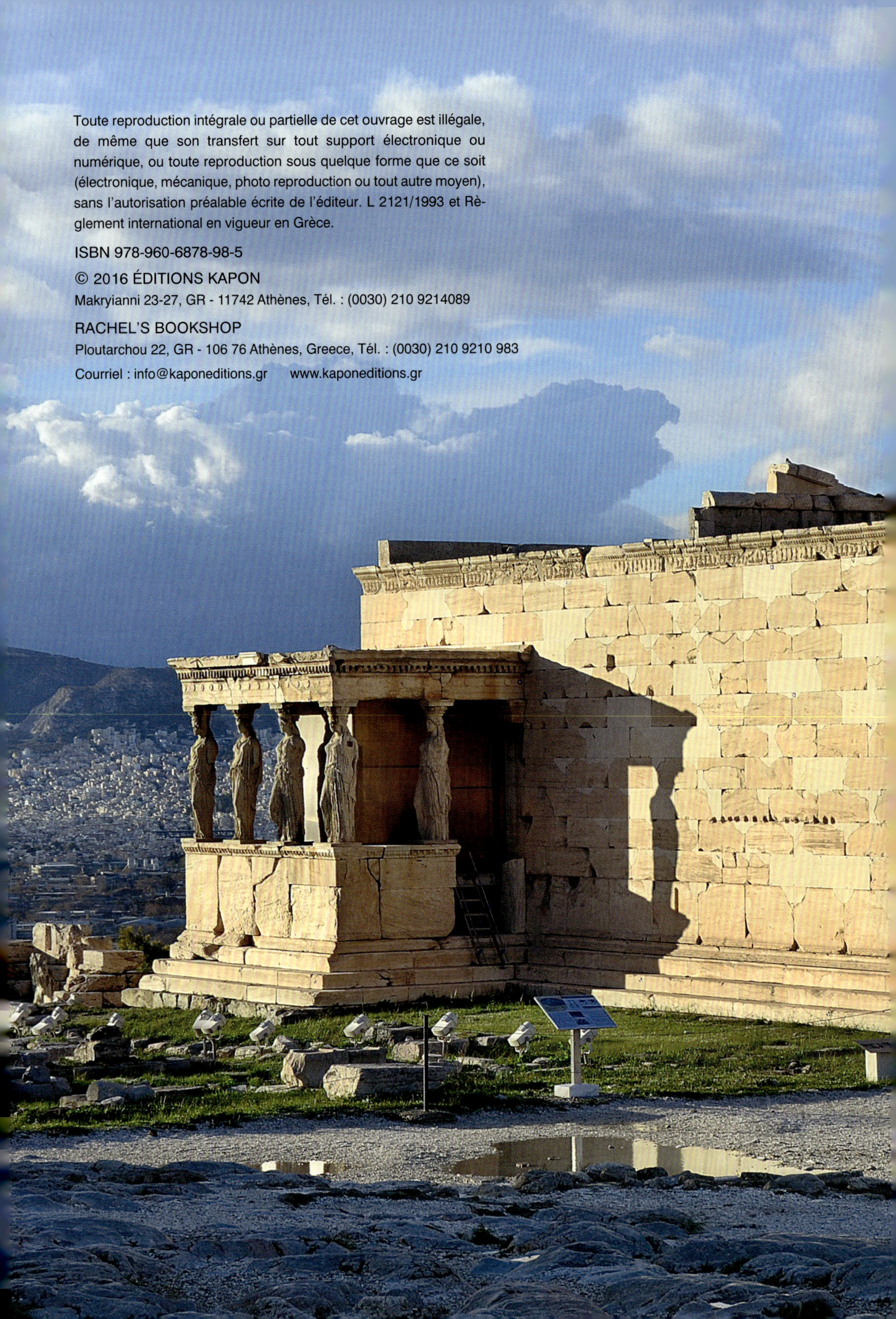

ISBN 978-960-6878-98-5

Makryianni 23-27, GR - 11742 Athènes, Tél. : (0030) 210 9214089

RACHEL'S BOOKSHOP

Ploutarchou 22, GR - 106 76 Athènes, Greece, Tél. : (0030) 210 9210 983

Courriel : info@kaponeditions.gr www.kaponeditions.gr

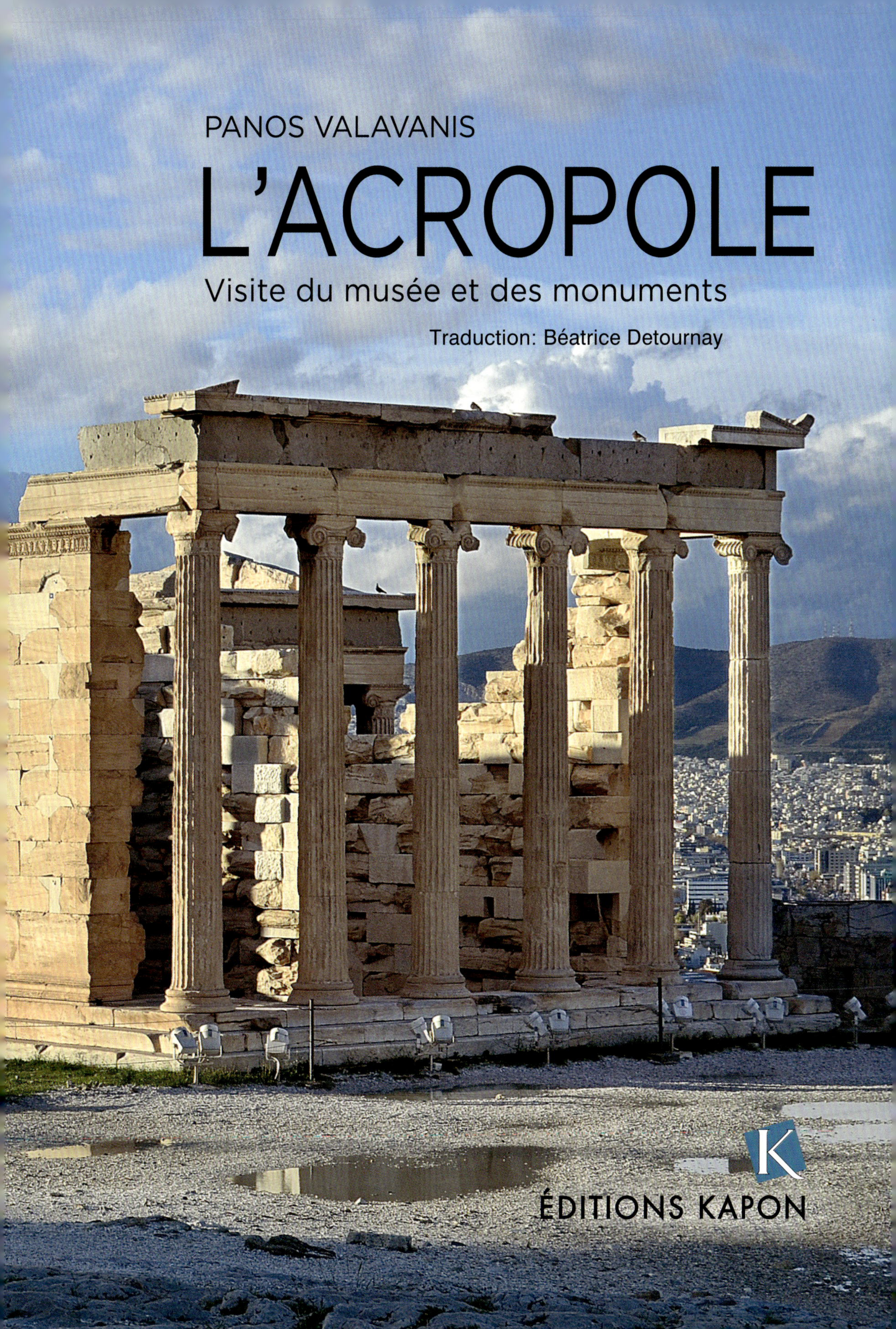

PANOS VALAVANIS

L'ACROPOLE

Visite du musée et des monuments

Traduction: Béatrice Detournay

ÉDITIONS KAPON

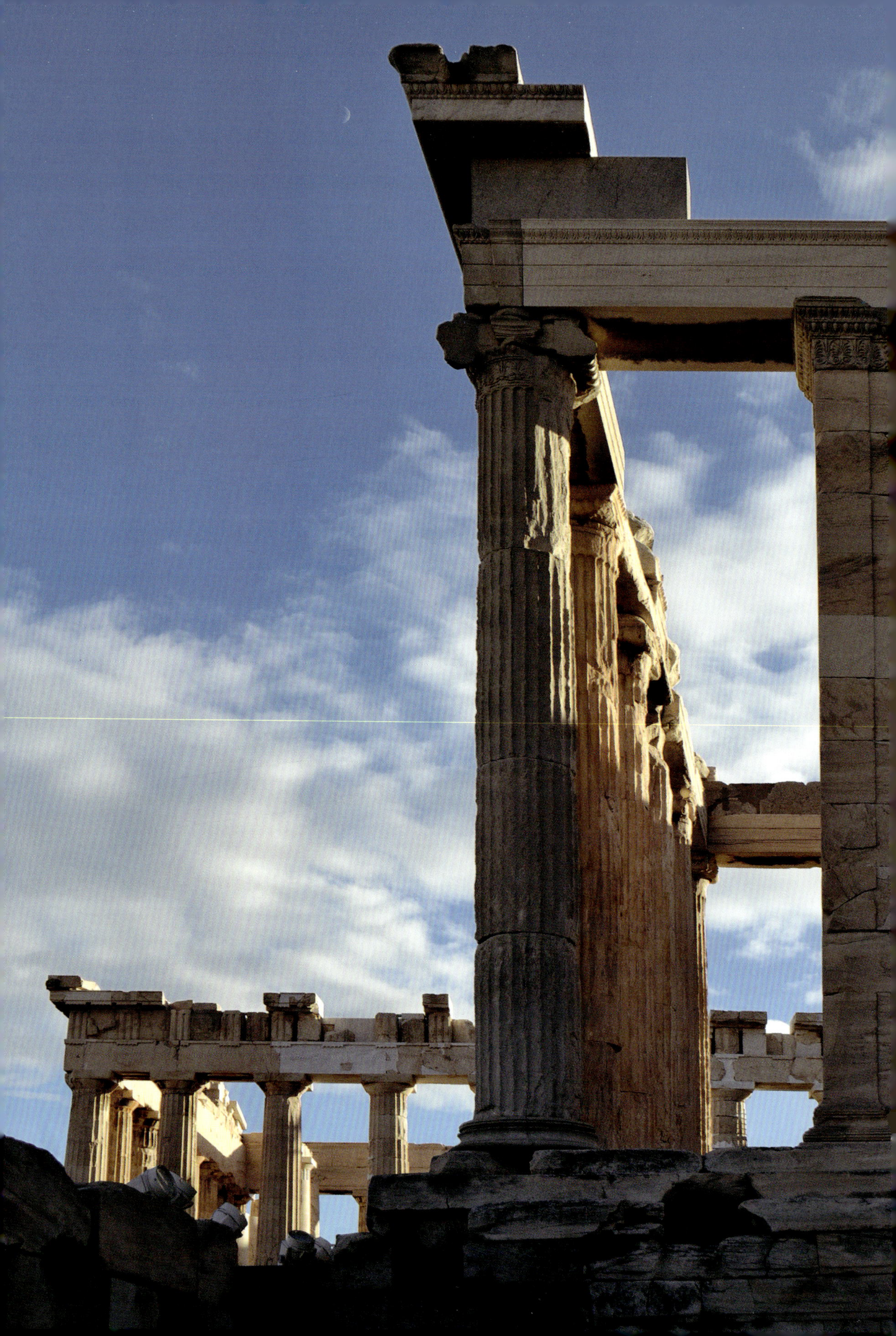

TABLE DES MATIÈRES

ATHÈNES
LA VILLE ANTIQUE

La ville antique d'Athènes, l'*asty* comme on l'appelait, était entourée d'un mur d'enceinte circulaire, construit à l'initiative de Thémistocle, juste après que le danger perse eut été écarté (479/8 av. J.-C.). Le rempart (péribole) d'une circonférence de 6,5 km, entourait une surface d'environ 200 hectares et comprenait l'Acropole (1), centre religieux de la cité, l'Agora (2), centre politique et administratif, et l'ensemble de l'habitat (3) dans lequel était installée une population mixte : les citoyens athéniens libres dans la ville et les dèmes tout autour ne dépassaient pas 15-20 000 hommes. Si l'on suppose que chaque famille était composée en moyenne de quatre membres, cela donne un total de 60-80 000 Athéniens. Il devait y en avoir autant dans les autres *dèmes* d'Attique plus éloignés. À ceux-ci, il faut ajouter un grand nombre de métèques, c'est-à-dire des Grecs d'autres villes, qui travaillaient à Athènes, mais n'avaient pas de droits civiques, ainsi qu'un nombre encore plus grand d'esclaves. Ce qui fait que **l'ensemble de la population de l'Attique** dans l'Antiquité pouvait atteindre, avec bien entendu des fluctuations suivant les époques, environ 400-500 000 personnes.

1

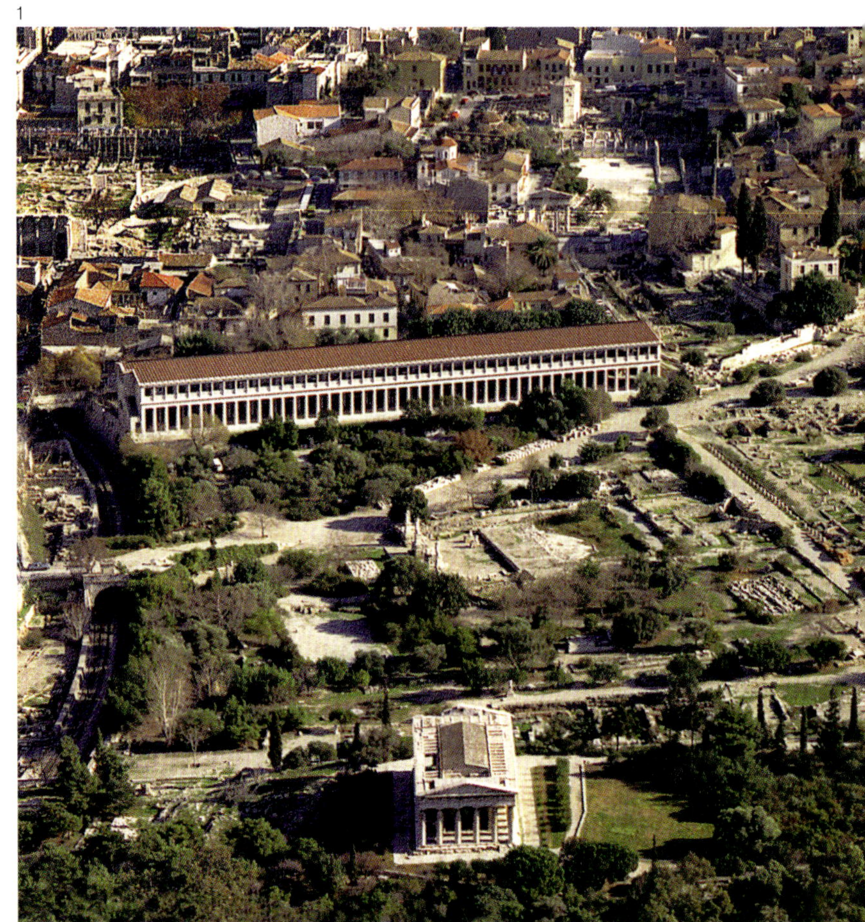

1. Photographie aérienne de l'Agora vue de l'Ouest. En bas, le temple d'Héphaistos (Théséion) et, au centre, le portique d'Attale reconstruit.

2. Maquette en trois dimensions de la ville antique d'Athènes, telle qu'elle était à l'époque romaine (maquette J. Travlos, D. Giraud). On distingue le mur d'enceinte et les monuments les plus importants qu'il entoure : 1. Acropole, 2. Agora, 3. Quartiers d'habitation, 4. Pnyx, 5. Olympiéion, 6. En haut, à l'extérieur du rempart, le stade panathénaïque.

Athéná ou Athéna ?

Le nom qui est commun à la ville et à la déesse est assurément préhellénique, mais il est impossible de savoir si c'est la déesse qui donna son nom à la ville, comme nous l'apprend le mythe postérieur ou, plus vraisemblablement, le contraire. On rencontre pour la première fois la déesse comme *Atana Potinija* (Athéna Potnia) sur une tablette en linéaire B du palais de Cnossos, ce qui peut vouloir dire vénérable Athéna ou vénérable (déesse) d'Athènes. Il est frappant de voir qu'elle est mentionnée avec les mêmes mots chez Homère, 600 ans plus tard (*Potnia Athénaia* ou *Potni Athana*). Ce qui est intéressant à propos des rapports étroits de la déesse avec la ville, c'est que chaque fois que les Athéniens prononçaient le nom de leur cité, c'était comme s'ils prononçaient le nom de leur déesse et réciproquement !
Le pluriel du nom, Athènes (*Athénai*), est dû au fait que la ville primitive n'était pas d'un seul tenant, mais qu'elle était composée de plusieurs petits quartiers qui se développaient autour de l'Acropole (voir Thèbes, Mycènes, etc.).

2

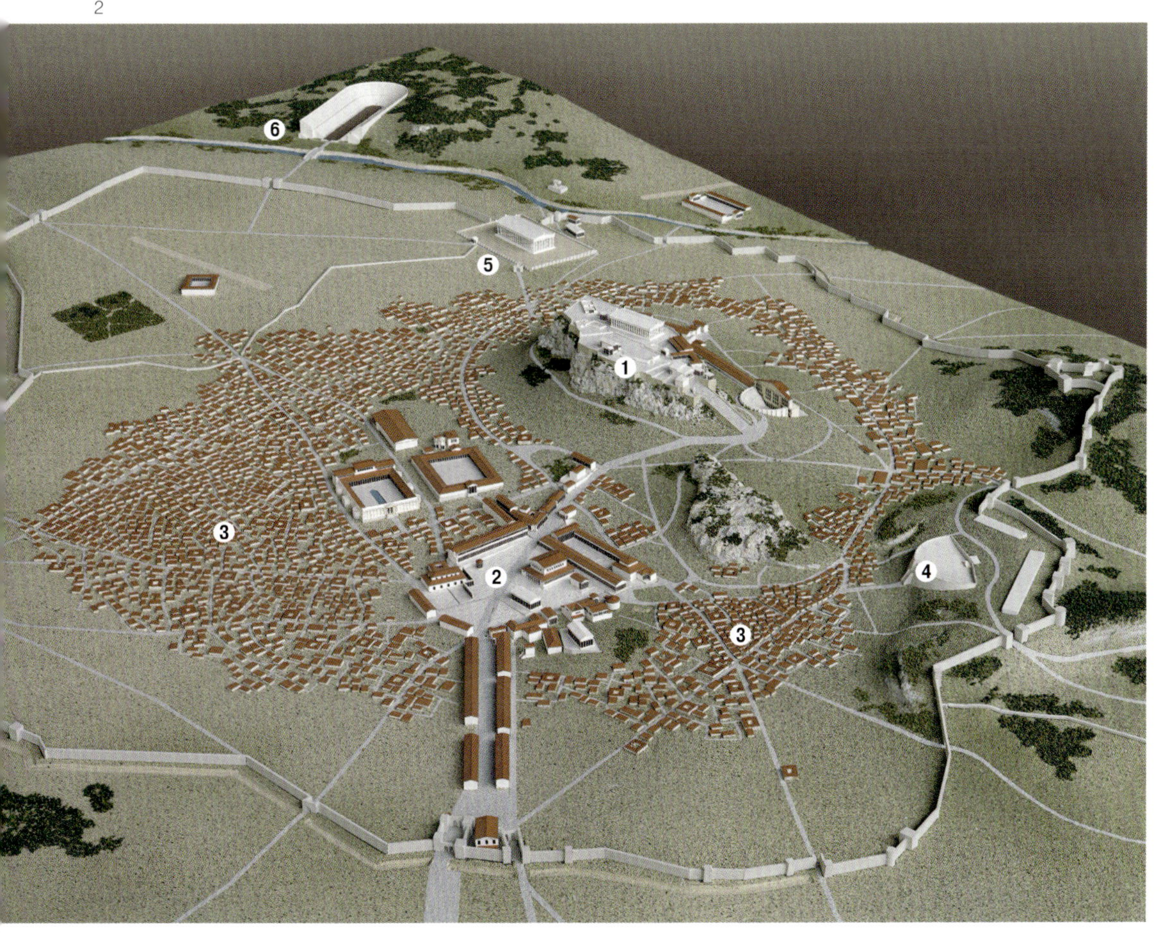

LE MUSÉE ET SON SOUS-SOL

Le musée de l'Acropole est un bâtiment moderne imposant, construit au pied Sud du rocher et en contact visuel direct avec lui, à une distance d'environ 300 m. Il a une surface de 25 000 m^2 dont 14 000 sont des salles d'exposition, organisées pour abriter le mieux possible les œuvres d'une haute qualité esthétique et d'une immense importance historique et archéologique (fig. 4).

Le soubassement du musée est un pilotis au-dessus des trouvailles de la fouille, de façon à ce qu'elles demeurent intactes. Le premier et le second niveau ont un plan trapézoïdal et épousent la forme du terrain ; ils sont alignés sur le réseau de rues existant.

Au contraire, le troisième niveau, la salle rectangulaire qui abrite les sculptures du Parthénon, est tournée de 40 degrés de façon à être exactement parallèle au monument. Cette salle a les dimensions requises pour accueillir l'ensemble du décor sculpté du Parthénon, qui est exposé de manière à ce que les sculptures architecturales retrouvent, autant que faire se peut, leur emplacement original. En outre, la surface de verre des murs donne la possibilité, non seulement de voir les œuvres à la lumière naturelle, mais aussi d'avoir un contact visuel direct avec le monument, ce qui facilite les rapprochements.

L'emplacement sur lequel fut construit le musée de l'Acropole est l'un des secteurs essentiels de la ville antique. Constituant le prolongement du versant Sud, le site le plus calme et le plus propice au développement d'habitations, il est devenu le plus important espace construit depuis le début de la préhistoire athénienne jusqu'aujourd'hui. Ni les ateliers ni les tombes ne manquent dans la région. C'est cette diversité des usages, à toutes les époques, qu'a mise en lumière la fouille effectuée avant l'érection du musée, découvrant des ruines d'époques différentes, allant du Néolithique (fin du IVe millénaire av. J.-C.) à l'époque byzantine.

3

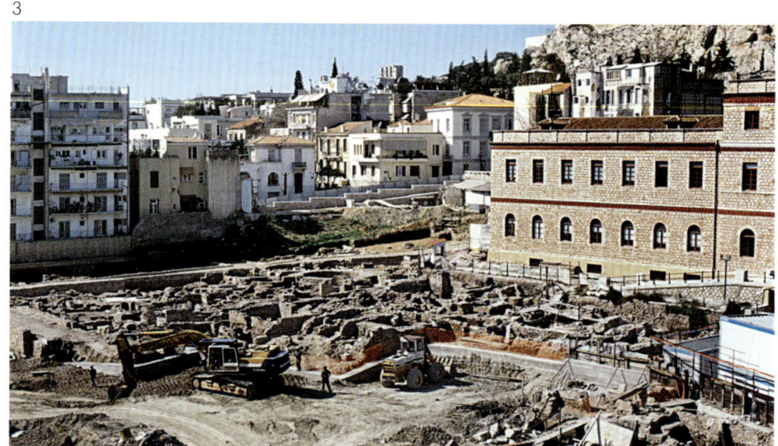

3. L'emplacement du musée avant sa construction. Sur le site dominait le bâtiment Weiler (à droite). Au premier plan, les vestiges de constructions antiques mis au jour par les fouilles, allant du Néolithique Récent à l'époque byzantine.

4. Vue du musée depuis le Nord-Est.

5. Une partie des vestiges antiques des époques tardo-romaine et protobyzantine, tels qu'ils apparaissent dans l'ouverture du sol, devant l'entrée du musée.

Des pans des antiquités découvertes sont conservés dans les sous-sols du musée et ils sont accessibles, mais aussi visibles par les ouvertures des sols en verre prévus par l'étude architecturale (fig. 5). De cette manière, les phases anciennes du site sont non seulement mises en relief, mais elles constituent aussi un « substrat » idéal et un maillon de la chaîne de l'histoire entre le passé et le

4

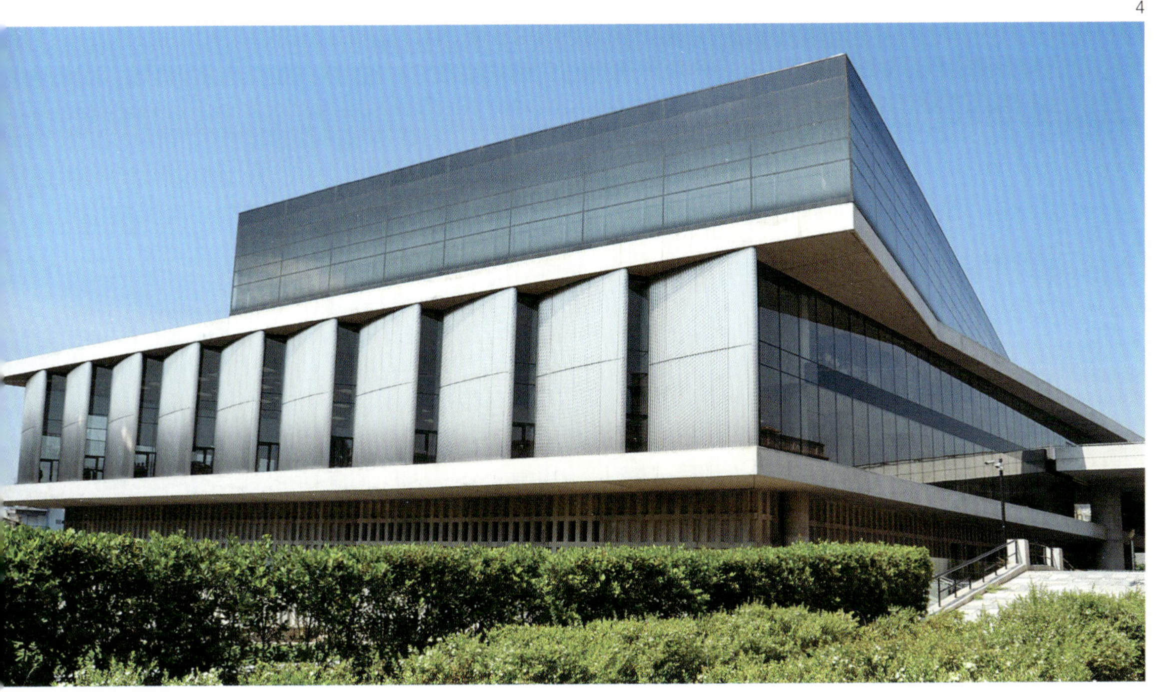

présent, entre l'Antiquité et aujourd'hui, entre la fouille et le musée. Une continuité réelle, mais aussi symbolique.

L'activité continue sur le même site a laissé des couches avec des vestiges superposés, qui ont enregistré les vicissitudes de l'histoire de la ville. Des rues, des maisons, des ateliers, des puits, des citernes, des complexes de bains et des tombes. Tout a été découvert rempli de milliers d'objets : sculptures, vases et ustensiles de cuisine, lampes, monnaies, mais aussi restes de cultes domestiques qui nous révèlent des facettes de la vie quotidienne des Athéniens.

L'histoire du secteur se poursuit avec les terrains et la maison du général Makryiannis, lesquels ont donné à la région son nom moderne. En 1836, fut construit le bâtiment Weiler, le premier hôpital militaire de la nouvelle capitale de l'État grec (fig. 3). Enfin, l'histoire contemporaine a connu, dans les années 1930, l'installation de la Gendarmerie, jusqu'en 1987 où le bâtiment Weiler abrita le Centre d'études de l'Acropole annonçant le nouveau musée.

5

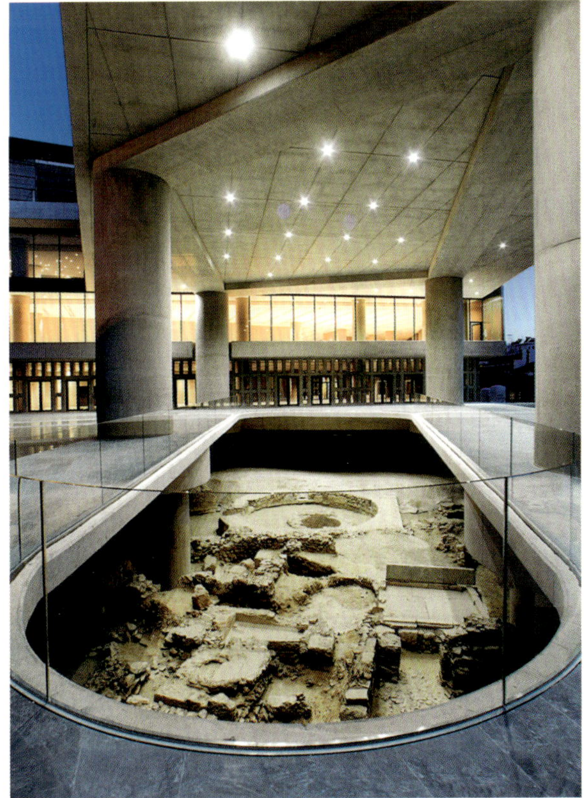

LES OBJETS DE LA RAMPE

6. L'une des deux Nikés semblables en terre cuite, provenant du toit d'un bâtiment du début de l'époque romaine (vers 15 av. J.-C.).

7. Le côté droit de la rampe du musée. Sur les côtés sont exposées des trouvailles qui attestent la longue histoire de la construction sur les versants de l'Acropole, depuis le IVe millénaire av. J.-C. jusqu'à la fin de l'Antiquité.

Les créateurs de ce musée, impressionnant par son architecture, ont songé à faire allusion de manière indirecte à certains traits du paysage de l'Acropole, de façon à ce que la promenade à travers les salles d'exposition rappelle la montée vers le rocher sacré. La large rampe qui mène au premier étage du musée reproduit ainsi symboliquement l'accès au rocher qui se trouvait toujours du côté Ouest, le plus abordable.

Sur les côtés de cette rampe, sont exposées les trouvailles des versants de l'Acropole qui ont abrité, pendant toute l'Antiquité, des petits sanctuaires et, plus bas, des maisons. Le choix de l'emplacement pour les sanctuaires s'explique par l'existence de grottes et de sources qui, pour les anciens, manifestaient la présence divine. Les sanctuaires recevaient des cultes populaires et fonctionnaient parallèlement au culte officiel, celui de l'État, qui se déroulait dans les grands temples sur le rocher. Les Athéniens étaient célèbres dans l'Antiquité pour leur piété et leurs pratiques cultuelles.

Du côté **droit** de la rampe, dans la vitrine contre le mur, sont exposés, par ordre chronologique, depuis le Néolithique Récent (fin du IVe millénaire av. J.-C.) jusqu'à l'époque tardo-romaine comprise (ve s. apr. J.-C.), des vases de terre cuite et d'autres ustensiles ménagers provenant des maisons construites sur les versants de l'Acropole (fig. 7). On y voit également des outils et des récipients des ateliers, ainsi que des objets de la vie des hommes (vases de banquets), des femmes (objets de toilette et ustensiles ménagers) et des enfants (jouets, etc.).

Dans le prolongement des vitrines, ce sont des trouvailles liées au **culte domestique** (sculptures, figurines et petits ex-voto) qui

6

7

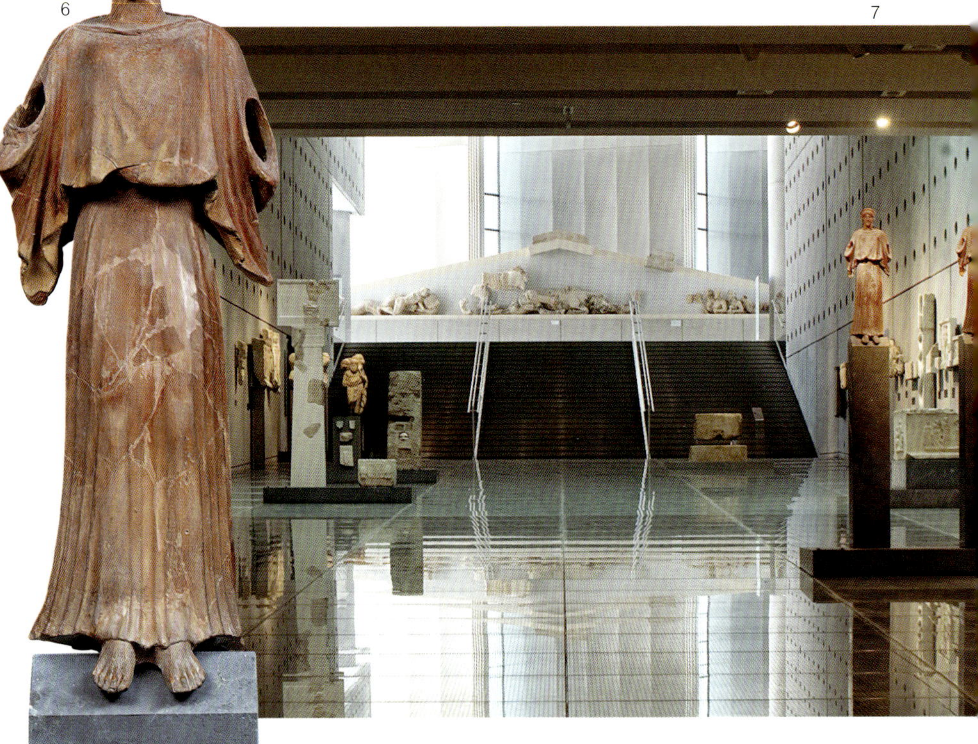

proviennent de sanctuaires plus ou moins grands, à l'intérieur de ces maisons. Le plus impressionnant a été découvert rue Dionysiou Aéropagitou, à hauteur de l'Odéon d'Hérode Atticus, et il est attribué avec beaucoup de vraisemblance au **sanctuaire de la maison-école de Proclus**, un philosophe néoplatonicien qui vécut et enseigna à Athènes vers le milieu du Ve s. apr. J.-C. Dans le sanctuaire domestique, ont été découvertes des œuvres du IVe s. av. J.-C., c'est-à-dire des sculptures qui étaient alors vieilles d'environ 800 ans ! La plus caractéristique est une table sacrificielle funéraire de forme cubique, avec des représentations en relief sur trois des côtés (fig. 8).

C'est devant l'Odéon d'Hérode Atticus, qu'on a retrouvé, brisées dans un puits, les deux **Nikés en terre cuite** qui nous accueillent du haut de leurs socles. Aujourd'hui sans bras et sans ailes (fig. 6), elles ont été fabriquées aux environs de 15 av. J.-C., dans le même moule ; sans aucun doute, elles copient des

8. L'un des trois côtés décorés de la table sacrificielle funéraire découverte dans le sanctuaire de l'école de Proclus. Elle représente le défunt dans un cercle de philosophes (IVe s. av. J.-C.).

9. Plaque à reliefs avec des couronnes, dédiée à la grotte d'Apollon *hyp'akrais* sur le versant Nord de l'Acropole (fin du Ier s. apr. J.-C.).

8

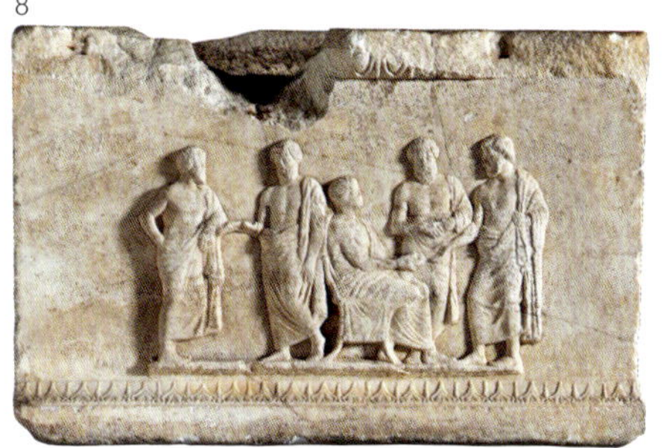

9

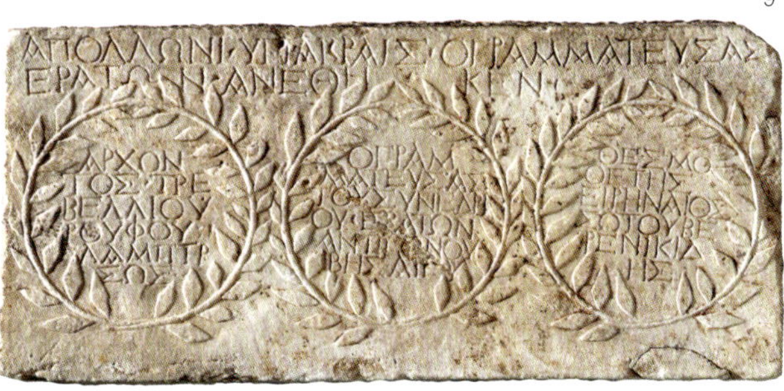

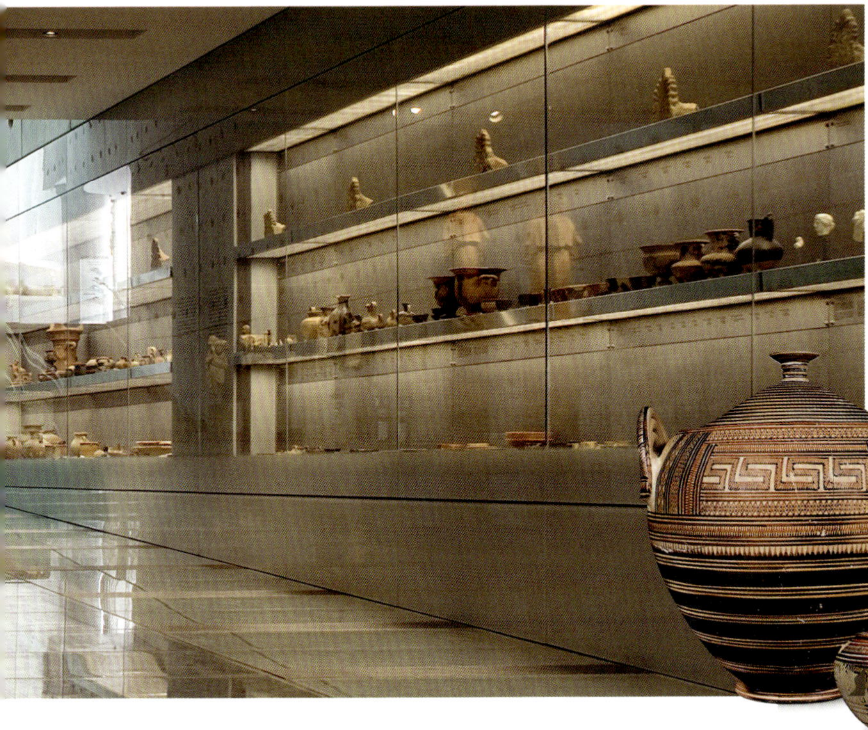

10. Trois vases de l'époque géométrique (1re moitié du VIIIe s. av. J.-C.) provenant du versant Sud de l'Acropole. Pendant cette période, une grande partie du secteur avait été utilisée comme cimetière.

10

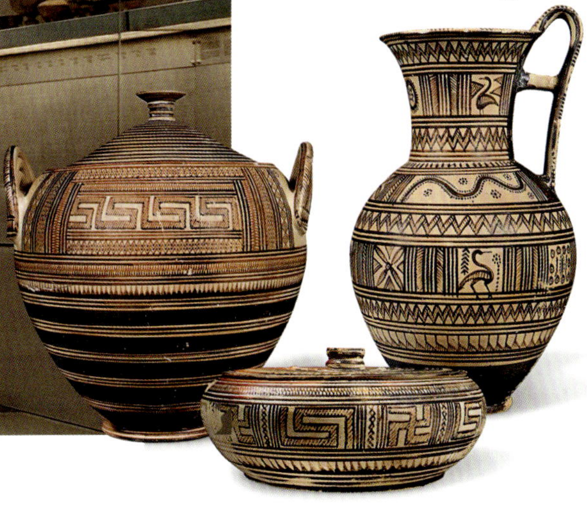

11. Stèle votive à reliefs du sanctuaire d'Aphrodite Blauté (milieu du IVe s. av. J.-C.).

12. Borne (*horos*) en pierre inscrite dressée à l'entrée du sanctuaire de la Nymphe, qui jouait le rôle de panneau indicateur, mais distinguait aussi l'espace sacré (2e moitié du ve s. av. J.-C.).

13. Reconstitution graphique de la forme originale et de la manière d'ouvrir les blocs de marbre qui constituaient le « trésor » du sanctuaire d'Aphrodite Ourania (dessin K. Kazamiakis).

14. Le côté gauche de la rampe du musée abritant des trouvailles des sanctuaires situés sur les versants de l'Acropole.

11

modèles classiques et devaient orner, en tant qu'acrotères, les toits d'un édifice de la région.

On verra aussi des objets provenant de sanctuaires voués à des divinités ou des hypostases liées à la **protection de la vie matrimoniale et à la procréation**. Ce qui montre l'angoisse des gens pour la réussite de leur mariage, mais aussi l'importance que l'État accordait à une vie familiale tranquille et au fait d'avoir des enfants, facteur essentiel de la continuité de la société athénienne.

Le premier objet exposé est une haute stèle de marbre avec un serpent qui monte et une sandale en relief au sommet, consacrée par un certain Silon (fig. 11).

À côté, c'est une plaque avec des érotes ailés en relief tenant des œnochoés et des brûle-parfums. Elle provient du sanctuaire d'une autre hypostase de la déesse Aphrodite, Ourania, également protectrice du mariage, dont le sanctuaire se trouvait dans une grotte sur le versant Nord de l'Acropole. Du même sanctuaire proviennent deux blocs de marbre qui constituaient le « trésor », c'est-à-dire le tronc du sanctuaire. D'après l'inscription gravée sur le côté, c'est là que les Athéniens qui allaient se marier mettaient une drachme attique comme *protéleia*, c'est-à-dire un acompte pour le sacrifice qui leur assurerait une vie matrimoniale heureuse. Lorsque les prêtres voulaient ouvrir le **« trésor »**, ils déverrouillaient la double serrure et soulevaient le bloc de 650 kilos avec un treuil, comme le montre le dessin qui est exposé (fig. 13).

12

13

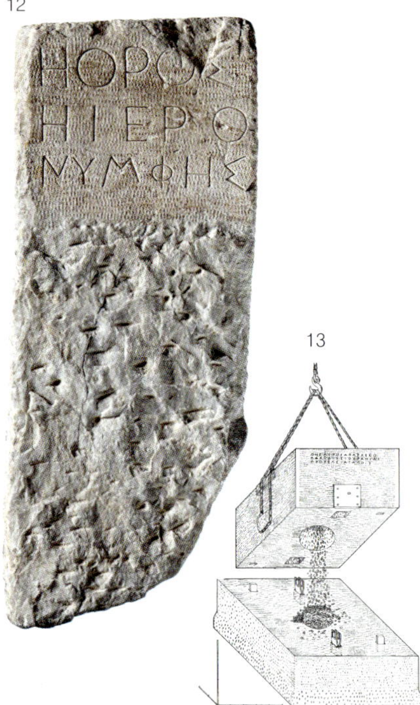

14

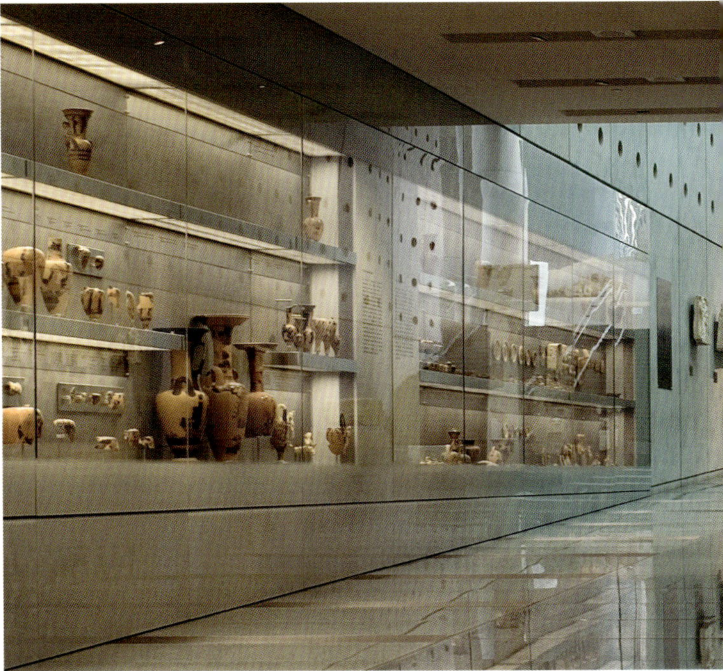

Le sanctuaire de la Nymphe

À **gauche**, dans la vitrine contre le mur (fig. 14), sont exposés des ex-voto découverts dans les années 1955-1960 rue Dionysiou Aéropagitou, à gauche de l'escalier qui mène aujourd'hui à l'Odéon d'Hérode Atticus. Il y avait là un sanctuaire de plein air avec un autel, qui fonctionna du VIIe au Ier s. av. J.-C. Il appartenait à une Nymphe, comme nous l'apprend une borne (*horos*) en pierre de la seconde moitié du Ve s. av. J.-C. exposée à côté des barres de l'entrée (fig. 12).

Cette nymphe anonyme était protectrice du mariage et de la procréation, ce qui explique que les Athéniens et les Athéniennes offraient dans son sanctuaire un vase spécial, la loutrophore, avec lequel ils avaient transporté depuis la fontaine Callirhoé l'eau du bain nuptial, considérant que cela leur assurerait la fécondité. La plupart des représentations sur les loutrophores à figures noires et à figures rouges se réfèrent à des sujets matrimoniaux (fig. 17).

15

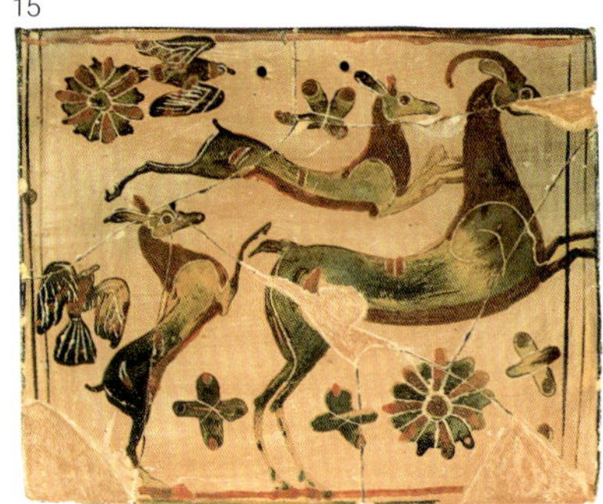

16

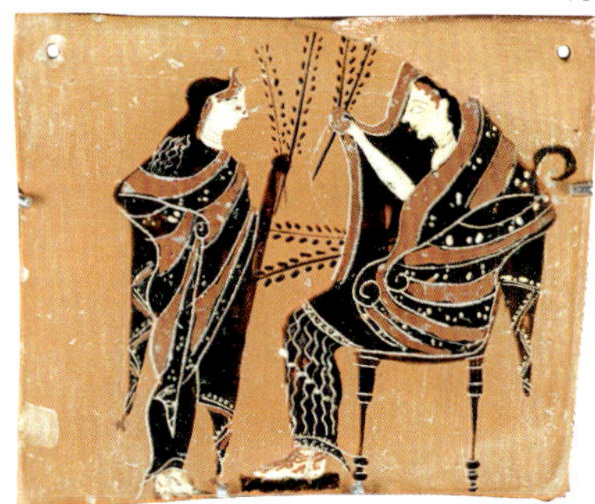

15-16. Deux plaquettes en terre cuite du VIe s. av. J.-C., offrandes au sanctuaire de la Nymphe.

17. Hydrie-loutrophore à figures noires de 500 av. J.-C., ex-voto au sanctuaire de la Nymphe, avec la représentation d'un cortège nuptial.

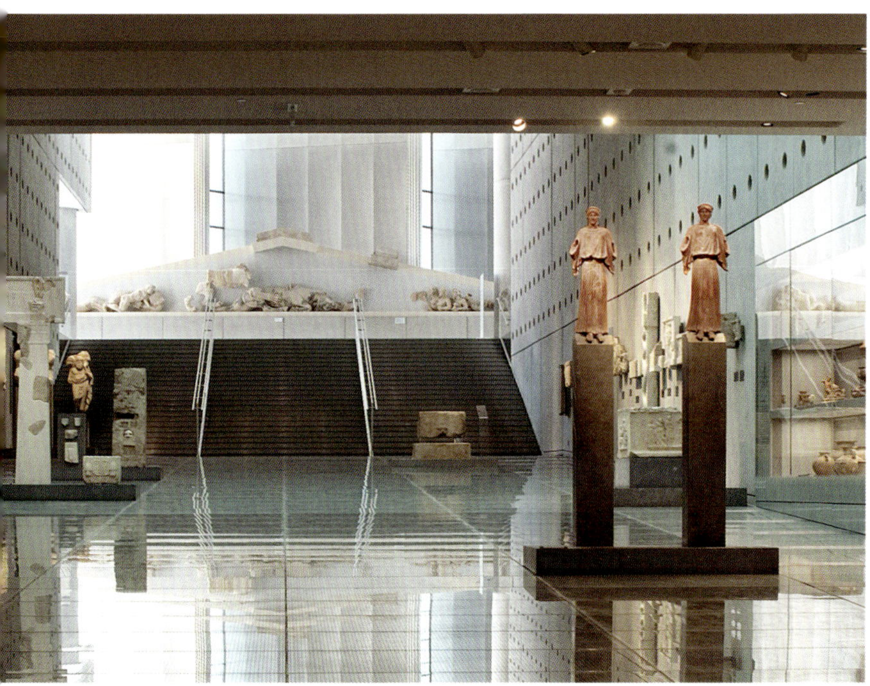

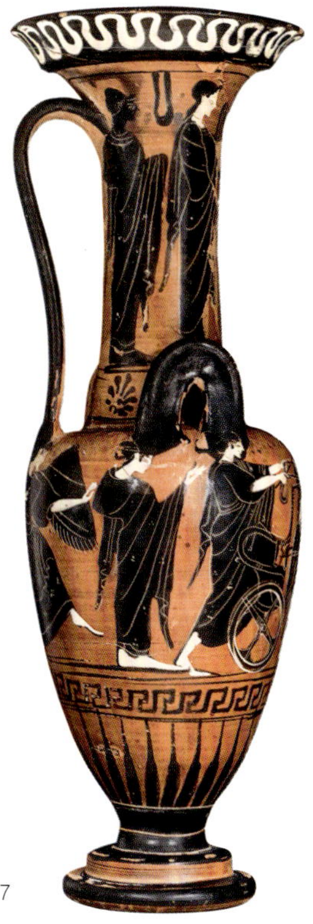

17

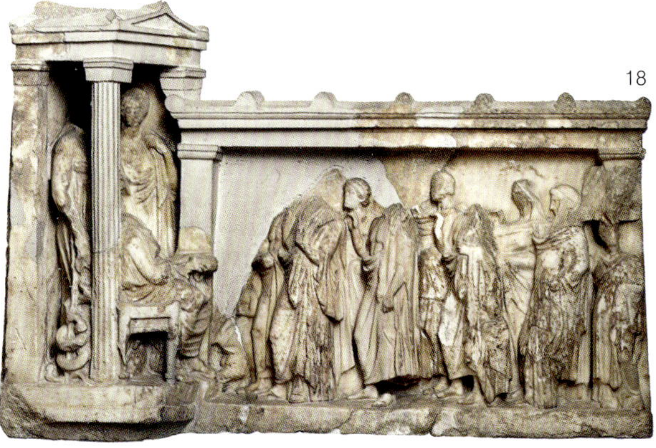

18

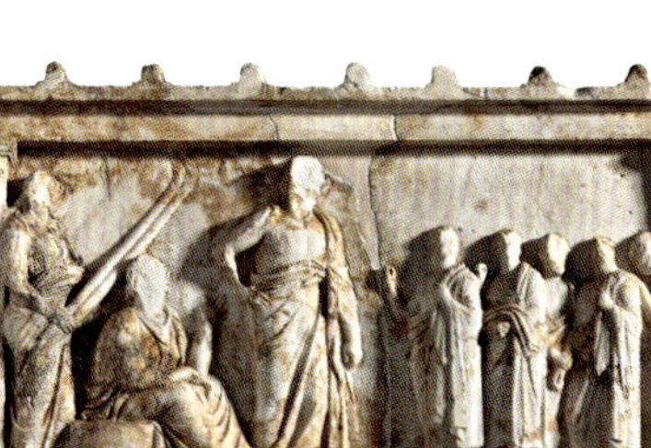

19

18-19. Reliefs votifs du IVe s. av. J.-C., avec des représentations de familles ou de médecins se rendant à l'Asklépiéion.

20. Base en marbre de l'ex-voto d'un médecin avec, en relief, les symboles de la profession : une trousse avec des bistouris et deux ventouses.

21. Partie supérieure d'un visage aux yeux incrustés, déposée pour remercier d'une guérison.

22. Une partie du premier étage restauré du portique de l'Asklépiéion.

23. Le théâtre de Dionysos domine le versant Sud de l'Acropole.

L´Asklépiéion

L'un des sanctuaires les plus importants du versant Sud de l'Acropole était celui du dieu-médecin Asklépios, dans un endroit du rocher où jaillissait une source thermale. Le culte fut apporté d'Épidaure en 420 av. J.-C., à l'initiative de Télémachos, un citoyen du dème d'Acharnès. Les détails de l'événement nous sont connus par le texte et les reliefs de la stèle votive inscrite, ornée des deux côtés, que Télémachos dressa lui-même dans le sanctuaire et qui est exposée au musée, fragmentaire, mais reconstituée. La plupart des édifices monumentaux du sanctuaire furent construits au IVe s., lorsque, à ce qu'il semble, c'est l'État qui prit la responsabilité du sanctuaire (fig. 22).

Les offrandes les plus caractéristiques de l'Asklépiéion étaient les petites **copies de membres guéris**, parmi lesquels prédominent les yeux, ce à quoi l'on peut s'attendre à une époque où les lunettes n'existaient pas (fig. 21). Sur le mur, sont exposés les reliefs représentant des familles se rendant à l'Asklépiéion. De cette manière, les dédicants rappelaient au dieu leur présence et leur offrande, mettant ainsi à jamais sous la protection divine, leur santé et celle de leurs proches (fig. 18-19).

20

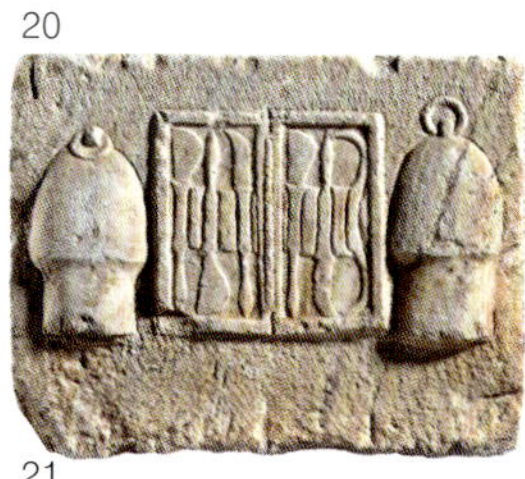

21

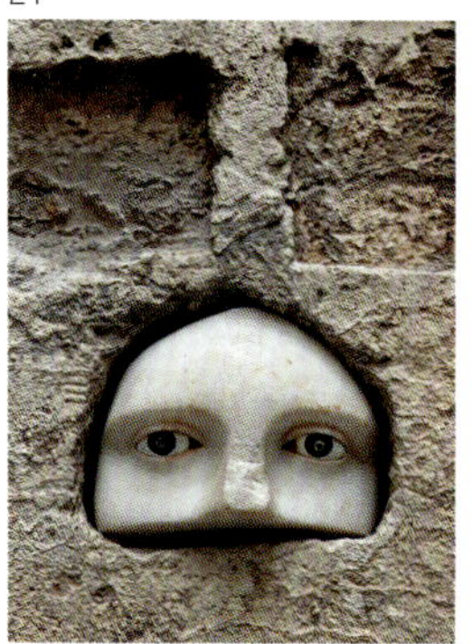

22

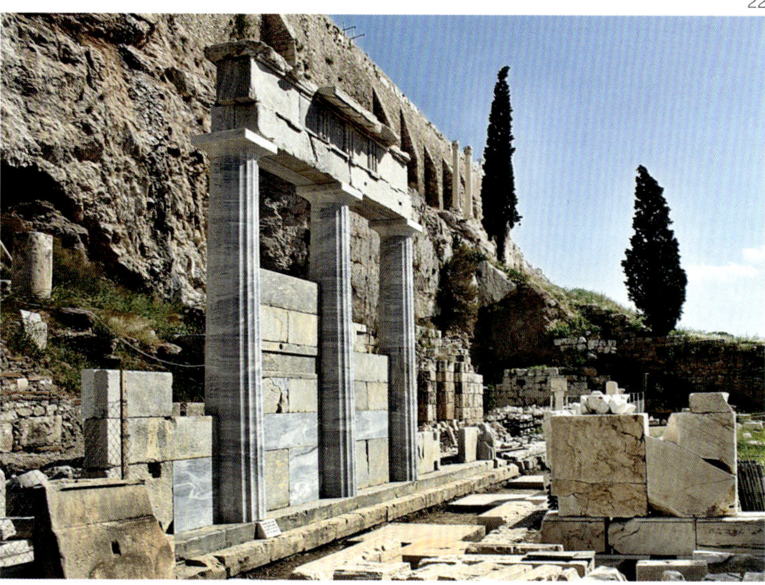

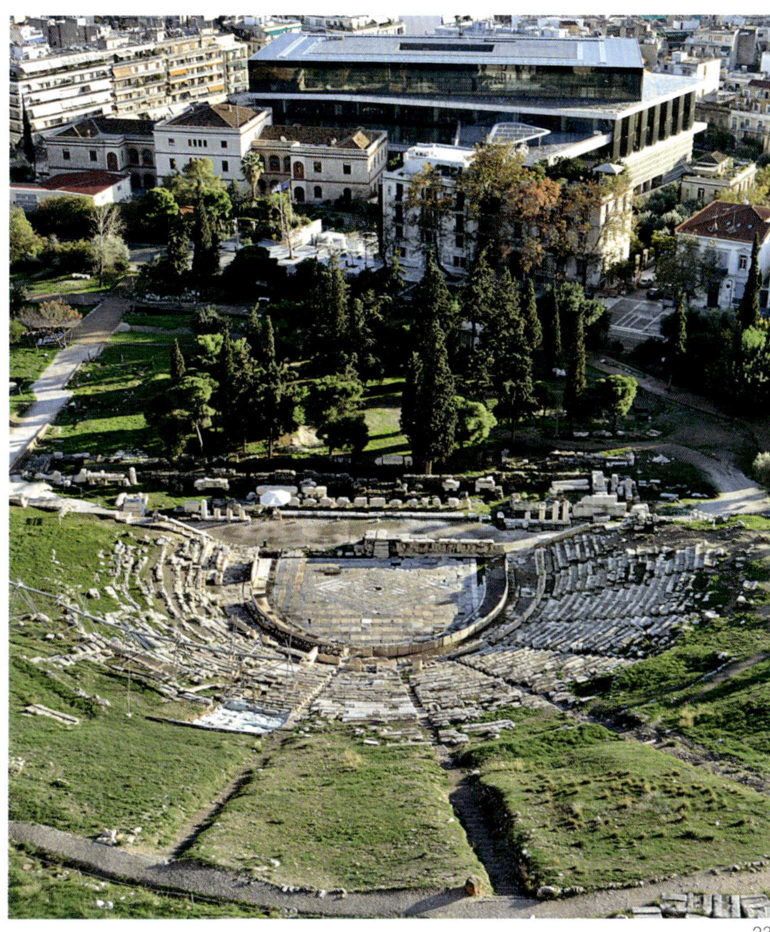

23

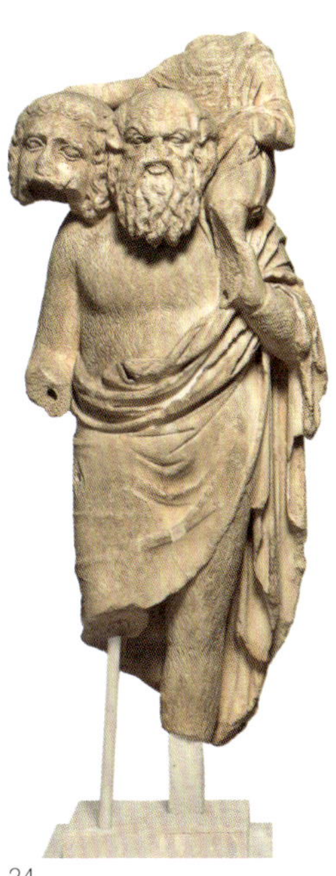

24

24. Statue d'un Papposilène avec Dionysos enfant sur l'épaule, tenant un masque de théâtre.

25. Relief en marbre avec une jeune danseuse tournoyant.

Le sanctuaire de Dionysos et le théâtre

En haut de la rampe, à gauche, nous avons des trouvailles du sanctuaire de Dionysos et du théâtre, construit sur le versant Sud de l'Acropole (fig. 23) où, dès la fin du VIe s. av. J.-C., furent données les premières représentations théâtrales de l'histoire, lors des Grandes Dionysies. Sont exposées trois représentations de Dionysos, l'une sous forme de masque dressé sur une colonne, une autre sur un relief avec ses symboles dans les mains, c'est-à-dire une amphore avec du vin et un canthare (son gobelet à vin caractéristique), et la troisième en tant qu'enfant tenant un masque de théâtre, juché sur l'épaule d'un Papposilène, un personnage comique de la poésie dramatique des anciens (fig. 24).

Sont également exposés des reliefs liés aux représentations théâtrales : une stèle avec six masques de théâtre, provenant probablement du décor de la scène du théâtre, ainsi que des reliefs en marbre avec de jeunes danseuses tournoyant, qui constituaient peut-être le revêtement de la base d'une statue ou d'un trépied chorégique (fig. 25).

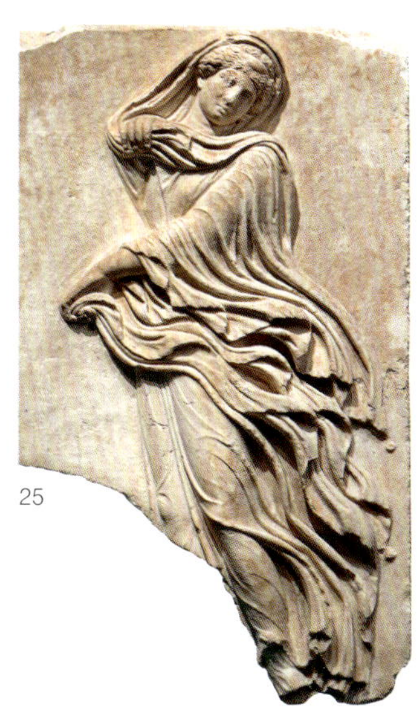

25

L'ACROPOLE AUX ÉPOQUES PRÉHISTORIQUE ET ARCHAÏQUE

L'Acropole, un rocher haut de 156,20 m, d'une surface d'environ 250 × 110 m (moins de 3 ha), constituait, dès l'époque préhistorique, le centre de la vie d'Athènes. À l'origine, il semble qu'il s'agissait uniquement d'un habitat, le lieu où demeuraient le chef et des membres éminents de la communauté, mais il ne fait pas de doute qu'il servait aussi de refuge au reste de la population en cas de danger. À l'époque mycénienne (1600-1100 av. J.-C.), un palais dut être construit qui était le siège du roi, bien qu'aucun vestige n'en soit conservé. Aux environs de 1250 av. J.-C., il fut, comme d'autres sites de Grèce du Sud, entouré de **remparts cyclopéens** d'une longueur de 760 m et pouvant atteindre 10 m de haut.

Les premiers témoignages archéologiques sûrs de l'existence d'un sanctuaire sur l'Acropole remontent au milieu du VIIIe s. av. J.-C. Il s'agit de la découverte de figurines et surtout de chaudrons (lébès) de bronze à trois pieds que l'on déposait comme offrandes pour honorer les dieux, mais aussi pour affirmer sa présence sociale. C'est à peu près à la même époque, semble-t-il, que se fit le regroupement de toutes les communes d'Attique en une cité-État. Cet événement conduisit à la création sur l'Acropole d'un grand **centre religieux** voué à la divinité tutélaire, avec la participation de l'ensemble des habitants, dont l'objet était aussi l'unification politique de la population.

26

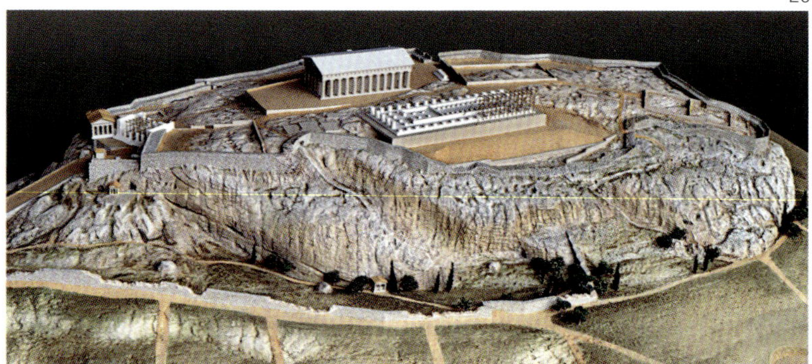

26. Reconstitution de l'Acropole du début du Ve s. av. J.-C. On distingue le propylon archaïque et le Vieux-Temple (*archaios néos*) ; à l'emplacement du Parthénon archaïque, on a commencé de construire le Préparthénon (maquette M. Korrès).

27

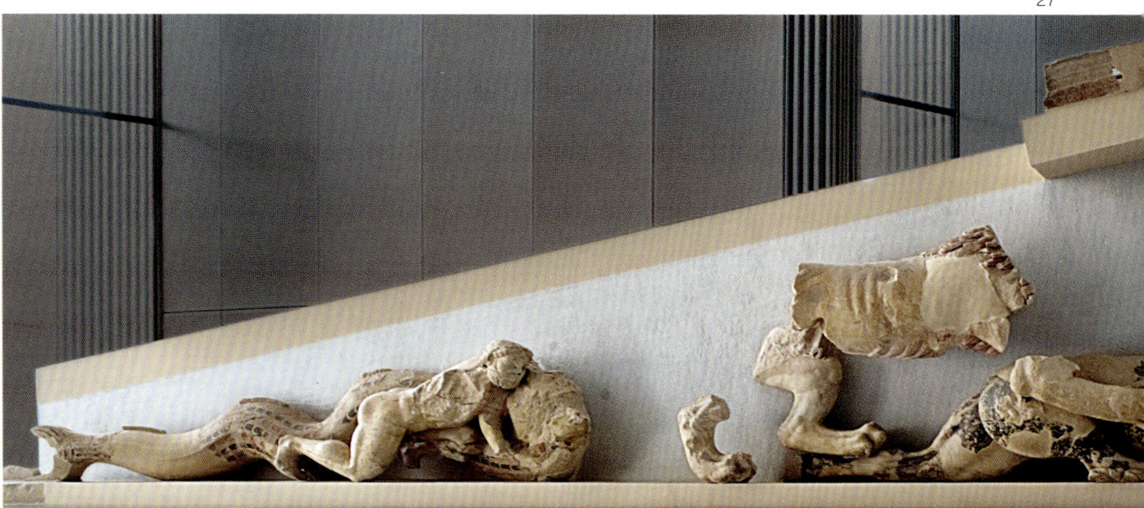

Les frontons archaïques

Les premiers vestiges architecturaux de grands temples apparaissent dans la première moitié du VIe s. av. J.-C., à l'époque de Solon et de Pisistrate. Il s'agit essentiellement d'éléments de sculptures tympanales en calcaire, représentant des lions déchirant des taureaux ou les exploits d'Héraklès (fig. 28). Ils ont été découverts remployés dans le rempart classique de l'Acropole ou bien enterrés au Sud et au Sud-Est du Parthénon.

Le plus grand et le plus imposant des frontons, d'une longueur de 20 m environ, nous accueille en haut de l'escalier ; il appartenait, semble-t-il, à la façade Ouest du Parthénon archaïque. Ce grand temple dorique d'Athéna, avec une *péristasis* de 6 × 12 colonnes, fut construit vers 580/70, et peut-être inauguré en 566/5, en même temps que fut réorganisée la grande fête des Panathénées. Le **fronton en calcaire** n'a pas un thème unique, il se compose de trois ensembles, reconstitués à partir de dizaines de fragments et complétés. Tous trois représentent des combats (fig. 27) : au milieu, deux lions antithétiques déchirent un taureau,

28

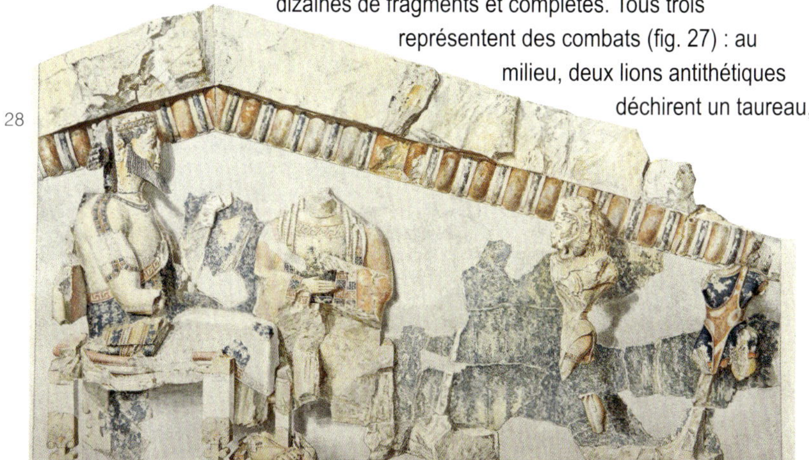

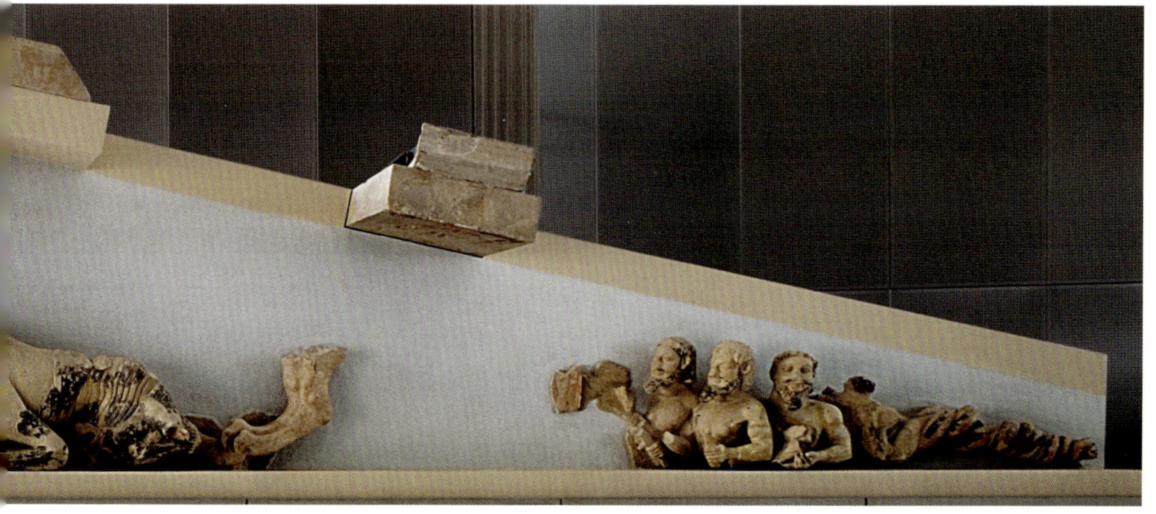

27. Les vestiges conservés des sculptures en calcaire du fronton Ouest du Parthénon archaïque.

28. L'un des « petits » frontons, avec l'apothéose d'Héraklès. Sur l'Olympe, Zeus et Héra trônant, accueillent le héros ; derrière lui, son guide, Hermès.

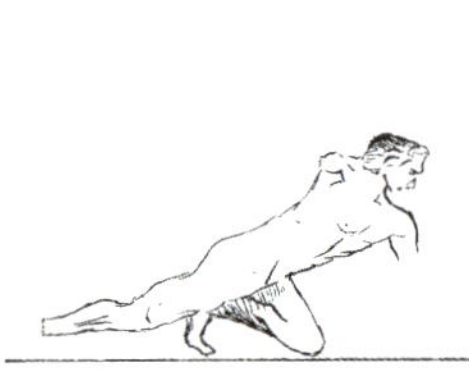

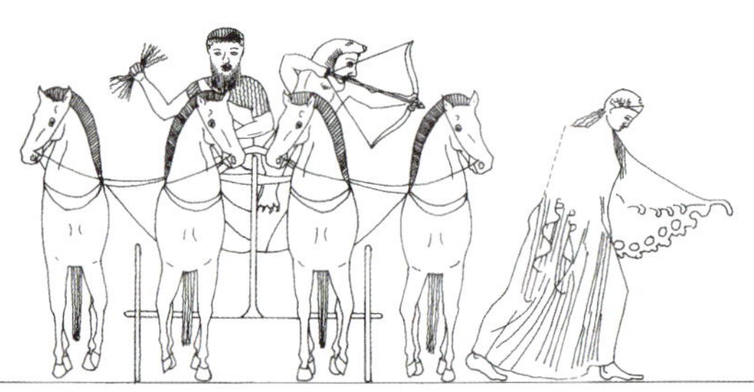

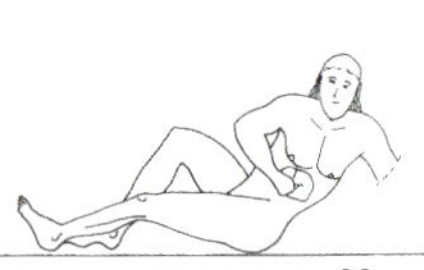

29

29-30. Reconstitution graphique et photographie de la statue d'Athéna provenant du fronton Est du Vieux-Temple (*archaios néos*) représentant la Gigantomachie. C'est la première composition tympanale de l'Acropole qui soit tout en marbre et à sujet unique ; c'est aussi la première apparition d'Athéna à grande échelle (reconstitution graphique de la composition centrale Mary B. Moore).

à l'extrémité gauche, Héraklès lutte avec un être marin, Nérée, et à droite très probablement Zeus, aujourd'hui perdu, se bat avec Typhon ou le génie aux trois corps, un être fait de trois figures ailées dans la partie supérieure, avec une queue de serpent (fig. 27).

Il n'est pas facile d'interpréter la composition de ces frontons. D'une manière générale, on pense qu'ils montraient l'effort fait par des dieux, des héros et des hommes pour dompter les éléments de la nature. En même temps, on montrait peut-être ainsi aux fidèles la grandeur et la force des dieux, et on leur rappelait les conséquences pour celui qui osait douter de leur puissance et de leur souveraineté. Notons simplement que c'est cette image que les visiteurs de l'Acropole voyaient en premier, dès qu'ils entraient dans le sanctuaire par les Propylées de l'époque archaïque.

Du côté Nord de la salle archaïque, est exposée l'une des plus importantes compositions tympanales de l'époque. Elle appartenait à la façade Est, la façade principale, du Vieux-Temple (*archaios néos*), un temple dorique périptère avec 6 × 12 ou 13 colonnes, construit soit par les fils du tyran Pisistrate, aux alentours de 520, soit par la jeune démocratie de Clisthène, à la fin du VIe s. (fig. 26). Sont représentées des scènes de la **Gigantomachie**, c'est-à-dire le combat des dieux de l'Olympe et des Géants qui contestèrent la primauté divine. Dans l'issue finale de la lutte, qui révèle la force des dieux et la punition de ceux qui doutent de leur puissance, Athéna joua un rôle capital ; elle est représentée combattant à droite contre le géant Encelade dont seul le pied est conservé (fig. 29-30).

30

On pensait autrefois que la haute figure de la déesse guerrière n'occupait pas le centre du fronton. C'était la place de son père, Zeus, qui apparaissait avec son fils, Héraklès, sur un quadrige dont il ne reste que deux avant-trains de chevaux (fig. 29). À côté, étaient représentés d'autres géants, vaincus par d'autres dieux, qui ne sont pas conservés.

Les ex-voto

Au VIe s., l'Acropole était couverte d'offrandes déposées par des familles aristocratiques de la ville, témoignage de leur fidélité à la déesse et de leur antagonisme social. Le sanctuaire d'Athéna, en tant que sanctuaire central de l'ensemble de l'Attique, était le décor idéal pour se faire reconnaître, à travers des offrandes coûteuses. Il existe aussi des offrandes, moins nombreuses, de marchands et d'artisans, puisqu'une hypostase d'Athéna, Ergané, était protectrice des travailleurs manuels. Parmi les autres ex-voto, citons le **Moschophore**, l'offrande d'un riche éleveur (fig. 31), les **scribes**, peut-être des dignitaires ou des **trésoriers** gérant l'argent de l'Acropole, et le **chien de chasse** du sanctuaire d'Artémis. Les autres sont surtout des statues de cavaliers, des kouroi et des korés.

Les cavaliers

Posséder et entretenir des chevaux était coûteux dans l'Antiquité et pratiquement réservé aux aristocrates. Ces beaux animaux étaient donc devenus symboles de richesse et d'une haute position sociale (fig. 33). Ce n'est pas un hasard si, dans le système des quatre tribus du régime de Solon, la deuxième classe sociale portait le nom de cavaliers. Il est très probable que les belles statues en marbre de cavaliers du VIe s., sur l'Acropole, aient été des offrandes qui montraient la richesse et la puissance de cette classe (fig. 32). Les prétextes pour le dépôt de ces ex-voto ne manquaient pas : d'un simple événement social jusqu'à une victoire à des concours hippiques. C'est peut-être aussi la raison pour laquelle certains des cavaliers sont représentés couronnés.

31. Le Moschophore, un riche provincial d'Attique avec l'animal sur les épaules, atteste la puissance et la richesse des agriculteurs-éleveurs.

32. Le « cavalier Rampin », qui doit son nom au premier propriétaire de la tête, aujourd'hui au musée du Louvre. La coiffure élaborée et la couronne dans les cheveux sont fascinantes.

33. Le noble cheval, dont la possession était signe de bravoure et d'appartenance à une classe sociale élevée, constitue une offrande habituelle à toutes les époques. Celui-ci est daté de 490 av. J.-C.

31

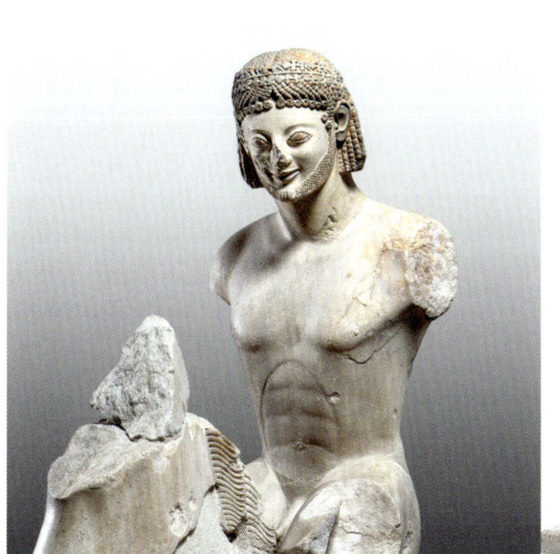

32

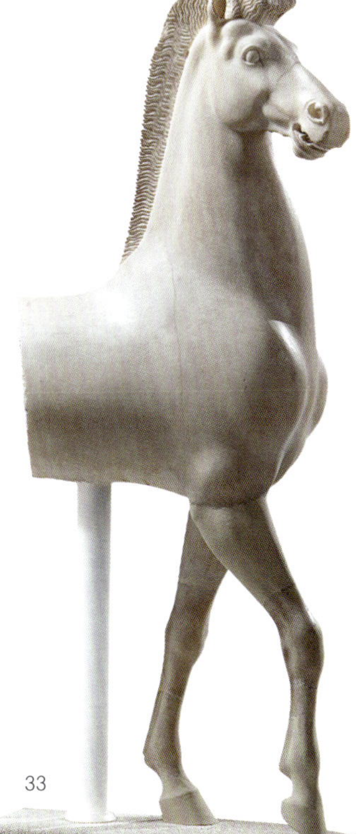

33

Les korés

Les statues de korés étaient bien plus nombreuses, environ 200 si l'on en juge d'après les fragments conservés. Elles sont représentées tenant une offrande pour la déesse et ont été dédiées sur l'Acropole entre 580/70-490 av. J.-C. Plusieurs interprétations ont été données à leur sujet, mais la plus vraisemblable les rattache à l'habitude qu'avaient les jeunes filles riches d'Athènes de se consacrer, pendant une période de leur jeunesse, au culte d'Athéna. Il semble qu'après la fin de leur charge, leurs pères, puisque la plupart des dédicants sont des hommes, avaient coutume d'offrir au sanctuaire des statues de leurs filles, rappelant à la déesse la piété de la famille et à leurs concitoyens leur place dans la société.

La plus célèbre des korés est celle que l'on appelle la **Péplophore.** Jusqu'à très récemment, en effet, on considérait qu'elle était vêtue d'un péplos dorique et non du chiton que portent les autres (fig. 35). Cependant, les dernières recherches sur les couleurs conservées donnent une nouvelle dimension, puisqu'elles révèlent qu'elle ne porte pas un péplos, mais un manteau qui s'ouvre sur le devant, dévoilant un vêtement orné à l'intérieur (fig. 34). Son décor se compose de petites cases avec des animaux réels ou imaginaires. Comme ce type de vêtement, avec ce type de décor n'est porté, dans l'Antiquité, que par des déesses, il est probable qu'il s'agisse d'une déesse, peut-être Artémis, comme on l'a proposé dernièrement.

34-35. Reconstitution en couleurs et photographie de la koré 679, dite « Péplophore » parce que son vêtement la distingue des autres.

36. Vue de la salle archaïque du musée. Ainsi présentées sur les hauts socles, les œuvres nous donnent un panorama de la sculpture archaïque qui, en Attique, et surtout sur l'Acropole, trouva son expression la plus noble.

37-38. La koré n° 680, avec, dans la main droite, le fruit qu'elle offre à la déesse, et la koré n° 675, la « koré de Chios », qui doit son nom au fait qu'elle a été associée à l'atelier artistique de Chios.

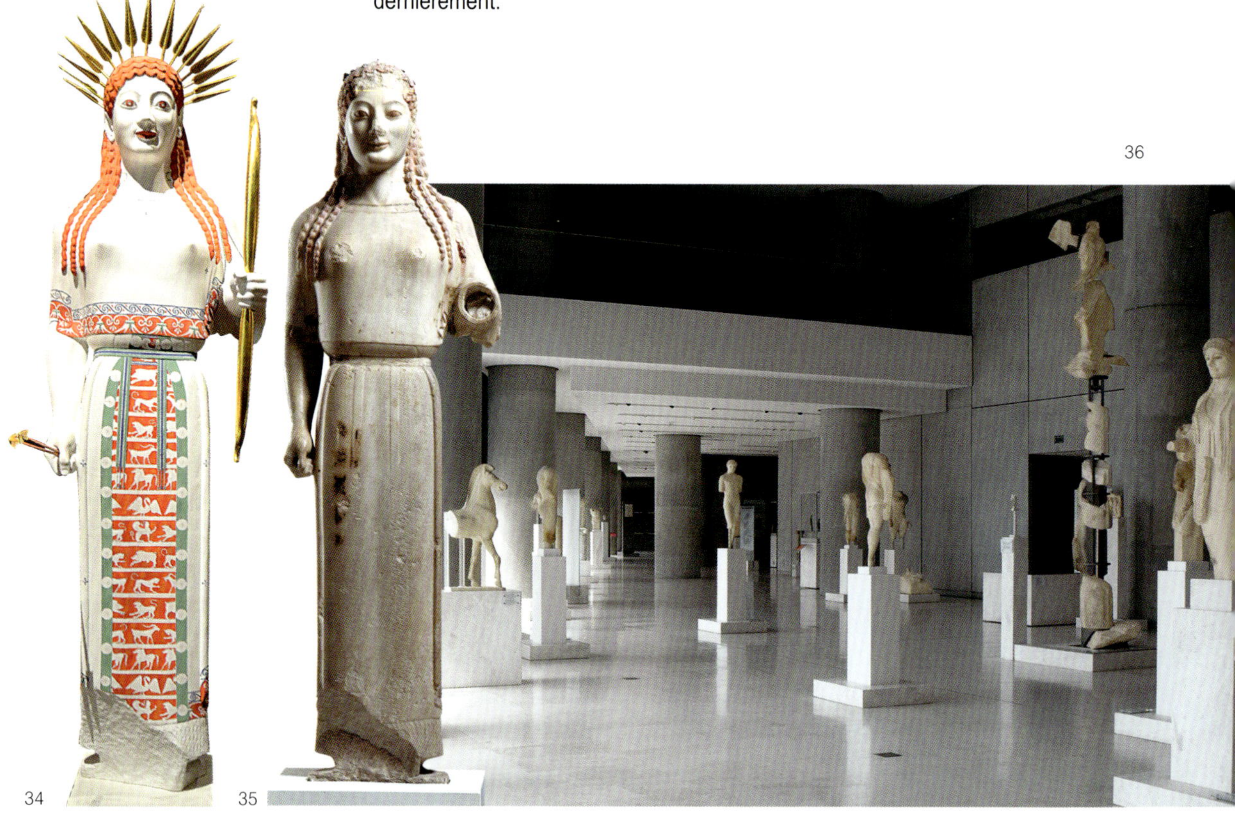

34 35 36

La koré du sculpteur Anténor est importante. Elle est dressée sur sa base d'origine avec une inscription précieuse (fig. 39). C'était un ex-voto de Néarchos (le potier ou quelqu'un du dème des Potiers) comme *aparché* de son travail, c'est-à-dire fait à la déesse avec ses premiers gains.

Ces statues étaient dressées en plein air sur de hauts socles ou des colonnes, à peu près comme elles sont présentées aujourd'hui dans le musée (fig. 36). Toutes avaient des **bases inscrites** qui mentionnent les noms des dédicants, souvent ceux des sculpteurs aussi, qui, fiers de leur œuvre, recherchaient la notoriété dans le domaine artistique.

L'élément le plus dynamique de la joie s'exprime dans l'art archaïque par le fameux « **sourire archaïque** » (fig. 37-38). Ce n'est pas un véritable sourire (d'ailleurs il apparaît sur les stèles funéraires), mais on pense que le sculpteur archaïque essaie ainsi de donner vie et expression aux visages des œuvres, comme avec le grand front, les gigantesques yeux en amande et les zygomatiques bien marqués.

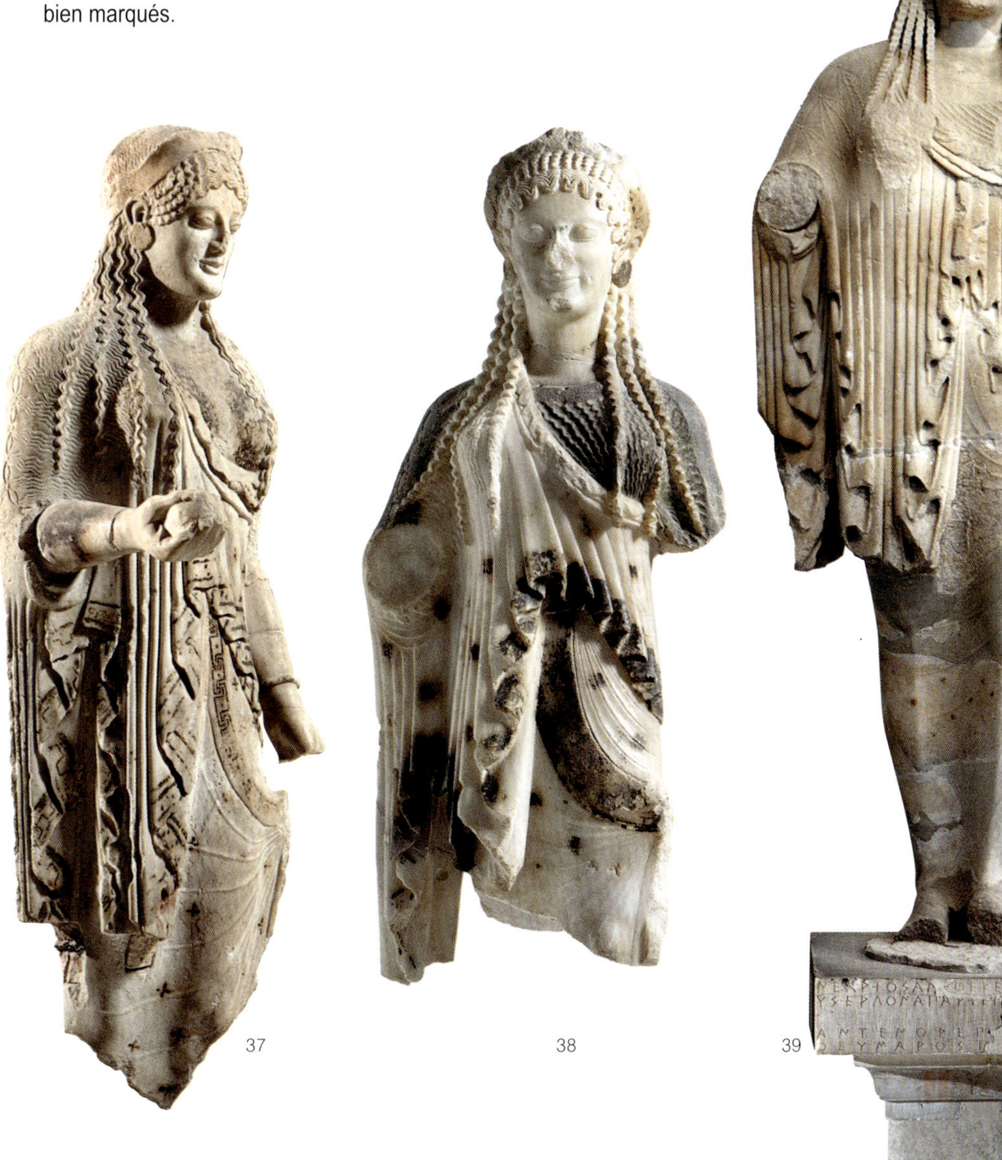

39. La koré d'Anténor, du nom de son créateur. Elle a été placée sur son socle antique, qui porte l'inscription avec les noms du sculpteur et du dédicant, mais aussi la raison de la dédicace.

40. Reconstitution graphique de la colonnade et de la Niké ou Iris de Callimaque (dessin M. Korrès).

41. Vue du rempart Nord de l'Acropole avec, incorporés, les fûts de colonnes du Préparthénon inachevé détruit par les Perses.

42. Le relif dit d'« Athéna pensive ».

43. Tête de l'« Éphèbe blond ».

44. L'éphèbe de Kritios.

PENDANT LES GUERRES MÉDIQUES

Les objets exposés associés à cette période dramatique pour le monde grec antique ont une forte connotation historique. La Niké de Callimaque est liée à la bataille de **Marathon** (490 av. J.-C.). D'après le récit d'Hérodote (6, 109-111), avant la bataille, les dix stratèges athéniens étaient partagés sur une attaque immédiate ou non des Perses. C'est alors que Miltiade, partisan de la première solution, appela le polémarque Callimaque et, par un discours enflammé, le persuada de voter en faveur de sa proposition. Dans la bataille qui s'ensuivit, Callimaque, chef de l'aile droite du parti, tomba au combat en héros.

C'est en son honneur qu'on dédia ce monument sur l'Acropole, une Niké sur une haute colonne ionique (fig. 40). L'épigramme gravée le long de la colonne mentionne sa bravoure. Le monument, haut de 5 m à l'origine, avait été dressé au Nord-Est du Préparthénon et, ironie du sort, fut détruit par les Perses qui incendièrent l'Acropole en 480, un peu avant la bataille navale de Salamine.

À côté de l'offrande, dans une vitrine horizontale, sont exposées des statues portant des **traces de la destruction perse**, ainsi qu'un « trésor » de 62 monnaies de l'époque, frappées avec l'argent des mines du Laurion dont l'exploitation permit à Thémistocle de constituer la flotte qui vint à bout des Perses à Salamine.

Le **Préparthénon**, qui commença d'être construit après la bataille de Marathon, allait être le premier temple tout en marbre de Grèce propre, grâce à la découverte, quelques années auparavant, des carrières du Pentélique. Inachevé (fig. 26), il fut détruit par les Perses. Les fûts de colonne en cours de fabrication de ce temple, ainsi que des fragments d'autres édifices archaïques détruits, furent incorporés par Thémistocle dans le rempart Nord de l'Acropole, de façon à ce qu'ils soient visibles depuis l'Agora et rappellent à jamais la lutte contre les barbares (fig. 41).

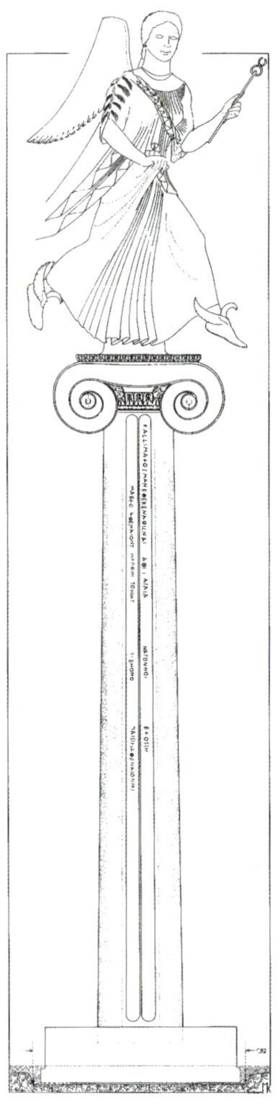

40

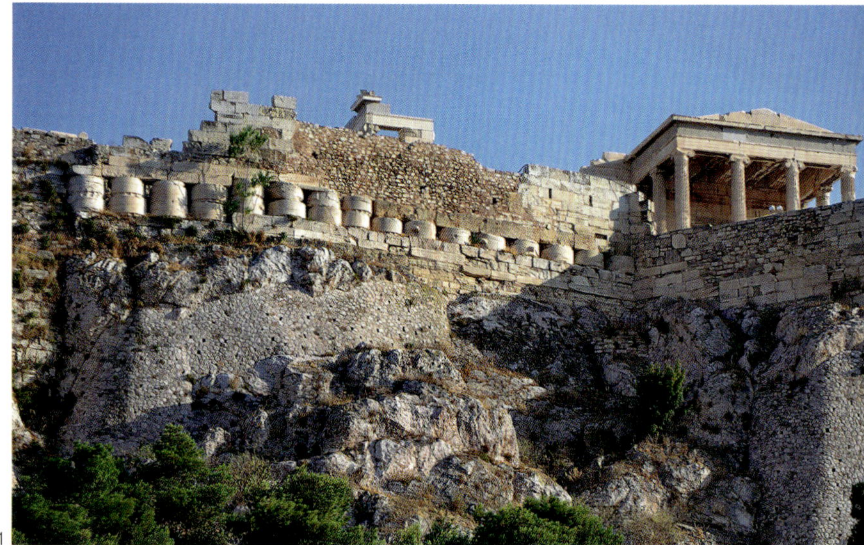

41

Œuvres du style sévère

À la fin de la salle archaïque et vers le fond, sont exposées quelques œuvres datées de 480-450 av. J.-C., le laps de temps entre l'époque archaïque et l'époque classique auquel on a conventionnellement donné le nom de « style sévère », en raison de l'expression des statues qui ont perdu le sourire archaïque. Il s'agit de statues célèbres, comme l'**éphèbe de Kritios** (fig. 44), l'**Éphèbe blond** (fig. 43), la koré d'Euthydikos, l'Athéna d'Angélitos, œuvre d'Euénor et, au fond, le relief de l'**Athéna pensive** (fig. 42). L'importance de ces œuvres est double : historique, parce qu'elle montre que, juste après la destruction provoquée par les Perses, on continua de la même manière à déposer des offrandes sur l'Acropole, mais aussi artistique parce qu'on voit les grand progrès enregistrés dans l'art à cette époque, avec l'éclatement des modèles archaïques et la conquête de nouveaux, plus naturels, qui conduisirent très vite au sommet de la période classique.

Il convient de mentionner ici une autre statue célèbre de l'époque qui n'est pas conservée, à part un fragment du couronnement du socle réparé à l'époque romaine. Il s'agit de l'**Athéna Promachos** de grande taille, en bronze, œuvre de Phidias, qui avait été placée vers 460 av. J.-C. entre les Propylées et l'Érechthéion (fig. 69). Elle avait 7-9 m de haut et, si l'on en croit la tradition, la pointe de la lance et le cimier du casque de la déesse se voyaient de la mer. La statue fut fabriquée avec le butin de la bataille de l'Eurymédon (467 av. J.-C.), mais en remerciement de la victoire de Marathon, et elle a dû être dressée à l'initiative de Cimon, fils de Miltiade, désireux de réhabiliter le souvenir de son père mort en prison. C'est la première œuvre publique que l'État athénien confia à Phidias.

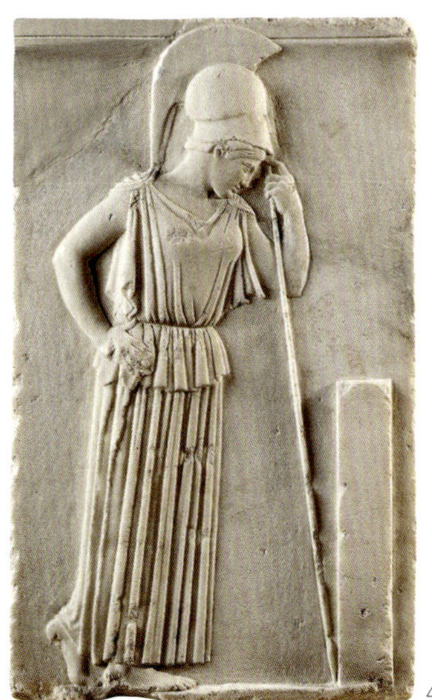

42

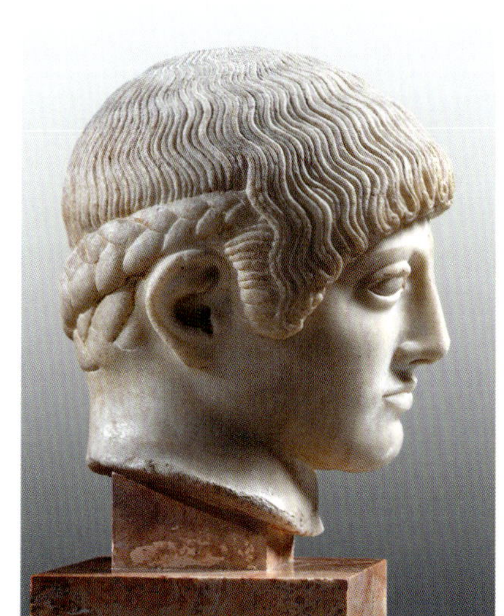

43

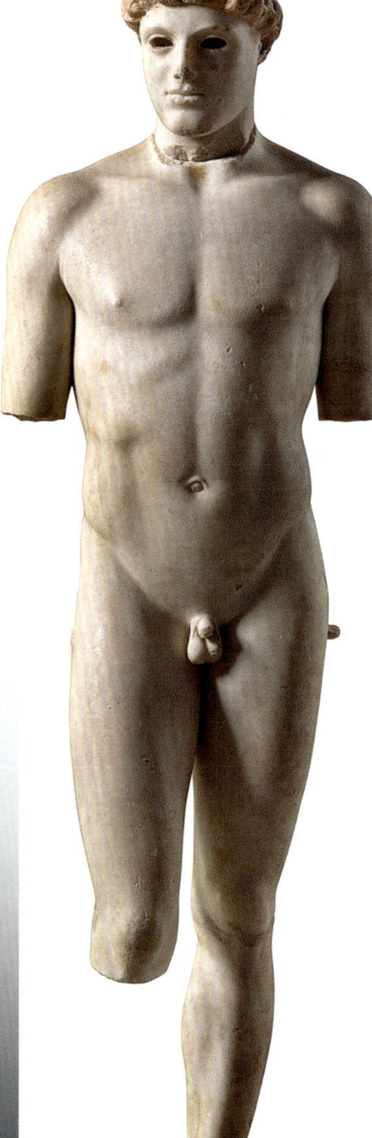

44

L'ACROPOLE CLASSIQUE

Les guerres médiques marquent un tournant dans l'histoire de la civilisation occidentale. Après les grandes victoires sur les Perses, Athènes était complètement détruite, mais animée d'un dynamisme incroyable qui, en quelques années, fit d'elle la cité dirigeante et le **centre intellectuel et artistique de l'ensemble du monde grec**. C'est un de ces concours de circonstances, rares dans l'histoire, qui vit la coexistence de chefs importants, d'un peuple responsable grâce au développement de la démocratie, d'abondantes ressources économiques et de grands artistes, et conduisit, au ve s. à la création de grandes œuvres et de magnifiques réussites culturelles. Cette période, définie comme « classique », fit de la cité et de ses créations un modèle, à partir duquel on apprécia par la suite toutes les cultures antérieures et suivantes.

Les ouvrages architecturaux constituent l'expression la plus caractéristique de cette période. Les conditions sont réunies pour que le gouvernement athénien réalise un vaste programme de construction, comprenant un total de **12 temples** et d'autres édifices monumentaux dans toute l'Attique. L'épicentre de cette activité architecturale, comme on pouvait s'y attendre, fut l'Acropole, en ruines pendant trente ans.

Le programme fut pensé par **Périclès** lui-même et l'équipe politique et artistique qui l'entourait. Il prévoyait l'édification de trois temples en l'honneur des trois hypostases de la déesse tutélaire, Athéna (Polias, Parthénos et Niké), et des Propylées monumentaux. Sa réalisation prit, avec des interruptions, toute la

45

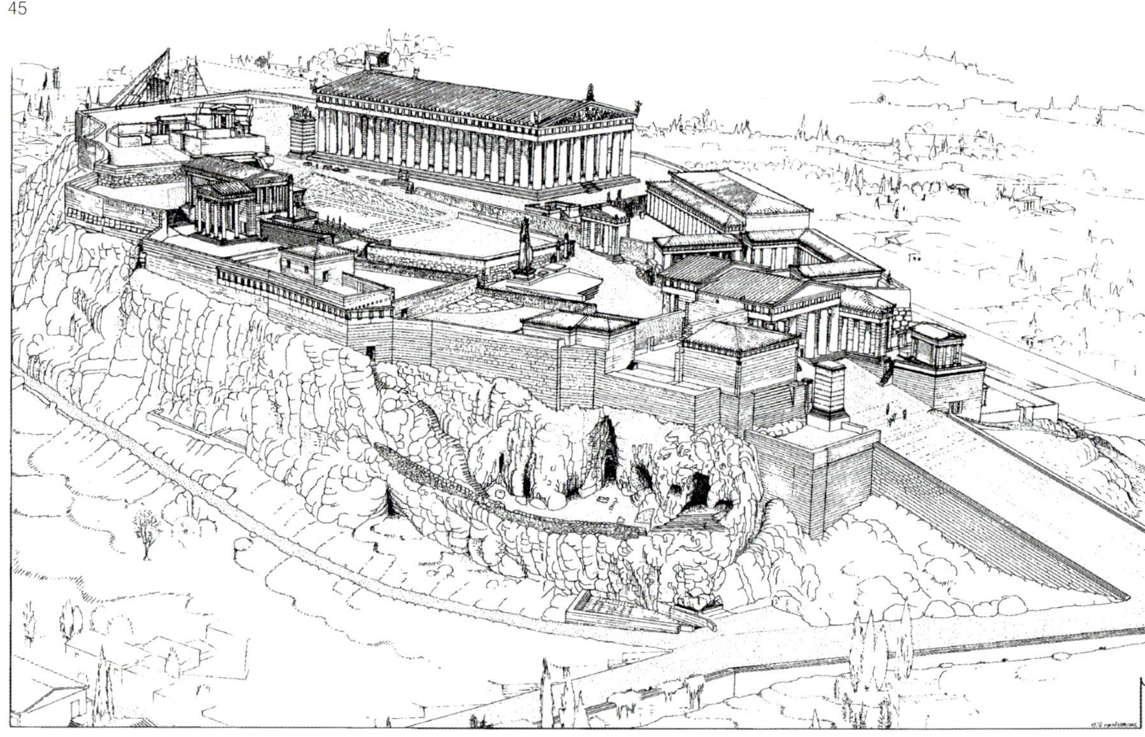

45. Reconstitution graphique des monuments de l'Acropole vus du Nord-Ouest. Les édifices, construits par le gouvernement athénien dans la 2e moitié du ve s., avaient pour but, à la fois de rendre hommage à la déesse tutélaire de la cité, Athéna, et de louer et mettre en valeur le passé héroïque et les réussites des Athéniens, de façon à revendiquer l'hégémonie panhellénique (dessin M. Korrès).

seconde moitié du Ve s. Le programme architectural avait **plusieurs objectifs**. Premièrement, c'était une marque de piété des Athéniens et une manière de remercier la déesse Athéna et les autres dieux qui avaient largement contribué aux victoires guerrières, sur terre et sur mer, permettant d'éloigner le danger perse. Deuxièmement, les travaux visaient à rétablir l'image du centre religieux de la cité, qui ne pouvait demeurer dans l'état où les Perses l'avaient laissé. Troisièmement, il se proposait de mettre l'art, l'architecture monumentale et la sculpture au service de la propagande politique. À travers la grandeur des nouveaux édifices et à travers les messages du décor sculpté, il devait faire connaître à l'ensemble du monde antique la prétention d'Athènes à l'hégémonie, au rôle de leader (fig. 45).

Pour matérialiser le programme, on mit immédiatement à disposition 5 000 talents pris dans le trésor public, et on en déboursa 200 autres chaque année, pendant 15 ans. Cet **argent** provenait du butin perse, surtout de la bataille navale de l'Eurymédon (467 av. J.-C.), des revenus des mines du Laurion et, pour une petite partie seulement, des contributions payées par les cités alliées. Les premiers ouvrages, le Parthénon (447-432 av. J.-C.) et les Propylées (437-432 av. J.-C.), furent érigés dans un laps de temps relativement court et Périclès eut le bonheur de les inaugurer lui-même. L'Érechthéion (421-415 et 410-406 av. J.-C.) et le temple d'Athéna Niké (432 ou 426-424 ou 421 av. J.-C.) furent construits peu à peu, lors des interruptions dans la guerre du Péloponnèse.

46. Tesson (fragment de vase en terre cuite) d'un ostracisme, avec le nom et le patronyme de Périclès. Musée de l'Agora.

47. Portrait de Périclès. Il est représenté avec un casque, car il était stratège, mais son visage est idéalisé pour montrer les vertus politiques et morales de l'homme. Londres, British Museum.

Périclès fils de Xanthippos, du dème de Cholargos (Περικλῆς Ξανθίππου Χολαργεύς)

Le chef de la démocratie athénienne et l'artisan de ce que l'on a appelé le « siècle d'or », tel qu'il fut représenté après sa mort par le sculpteur Crésilas, son contemporain (fig. 47). Stratège pendant 32 ans (461-429 av. J.-C.), il contribua grandement au rôle de protagoniste joué par Athènes sur le plan militaire, politique et artistique. Né en 495 av. J.-C., dans une famille aristocratique, il s'adonna très jeune à la « chose publique » et, en 461 av. J.-C., prit la tête du parti démocratique. À son actif, il faut mettre surtout la consolidation de la démocratie athénienne nouvellement constituée, et le fait qu'Athènes devint un empire maritime et la puissance la plus importante de l'époque. Parmi ses réussites on compte les grands travaux de l'architecture athénienne, surtout sur l'Acropole, qui firent d'Athènes le centre artistique et intellectuel de l'Antiquité, mais aussi, pour toujours, le symbole de l'art classique.

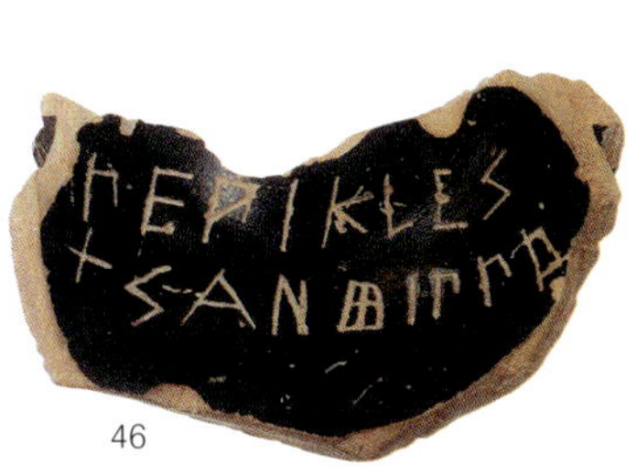

46

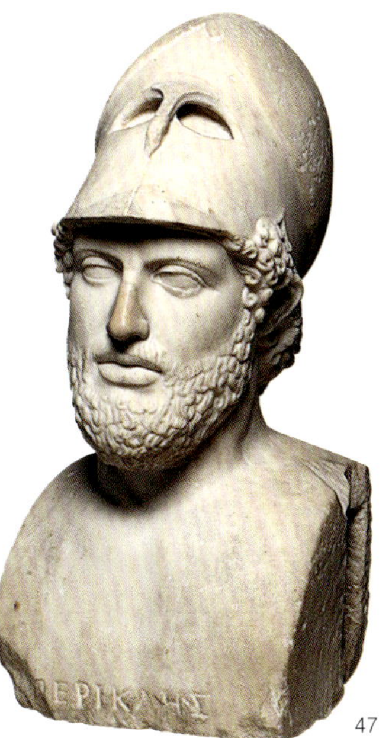

47

LES PROPYLÉES

Les propylées constituent un monument brut, un édifice sans décor sculpté. Sa construction commença en 437 av. J.-C., après l'achèvement du Parthénon, sur des plans de l'architecte Mnésiklès. Ils présentent tant d'éléments communs avec le grand temple qu'on est en droit de penser que Mnésiklès était un élève d'Iktinos et que c'est probablement la même équipe qui travailla aux deux monuments. L'architecte – et c'est sa grande réussite – parvint à donner à une entrée l'éclat d'un grand temple.

L'**originalité du plan** réside dans le fait que, pour la première fois dans l'histoire de l'architecture, on dessina un ensemble monumental en *pi* (Π), donnant ainsi l'idée de l'accueil, comme des bras ouverts du côté du visiteur (fig. 48). Le bâtiment central se compose de deux espaces de hauteur inégale en raison de la pente du terrain, dont les façades ont la forme d'un temple hexastyle avec des colonnes doriques copiant celles du Parthénon (fig. 49). Au point de jonction des deux espaces, il y avait cinq portes symétriques, de hauteur différente, qui donnèrent son pluriel au nom de l'édifice (les Propylées). La partie Ouest comprenait un couloir avec trois colonnes ioniques de chaque côté, qui copient peut-être les colonnes ioniques perdues de la salle Ouest du Parthénon. À gauche quand on entre, avait été aménagée une petite salle, avec une *prostasis* à trois colonnes, qui abritait des tableaux (d'où son nom de **Pinacothèque**) et 17 lits, et qui servait visiblement de lieu de détente (*lesché*) pour les visiteurs de marque et/ou pour des banquets lors des fêtes qui se déroulaient sur l'Acropole.

48

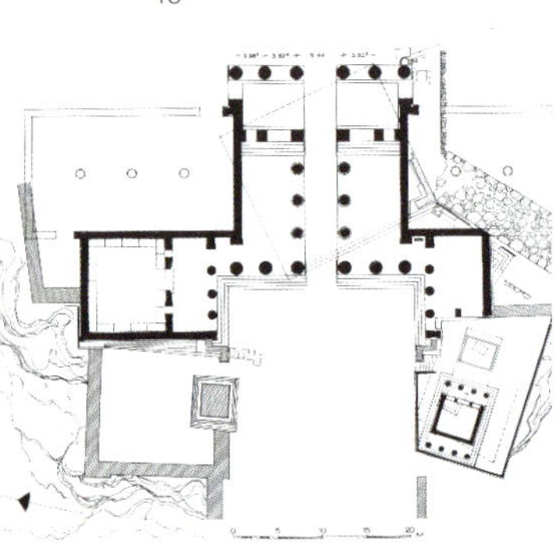

49

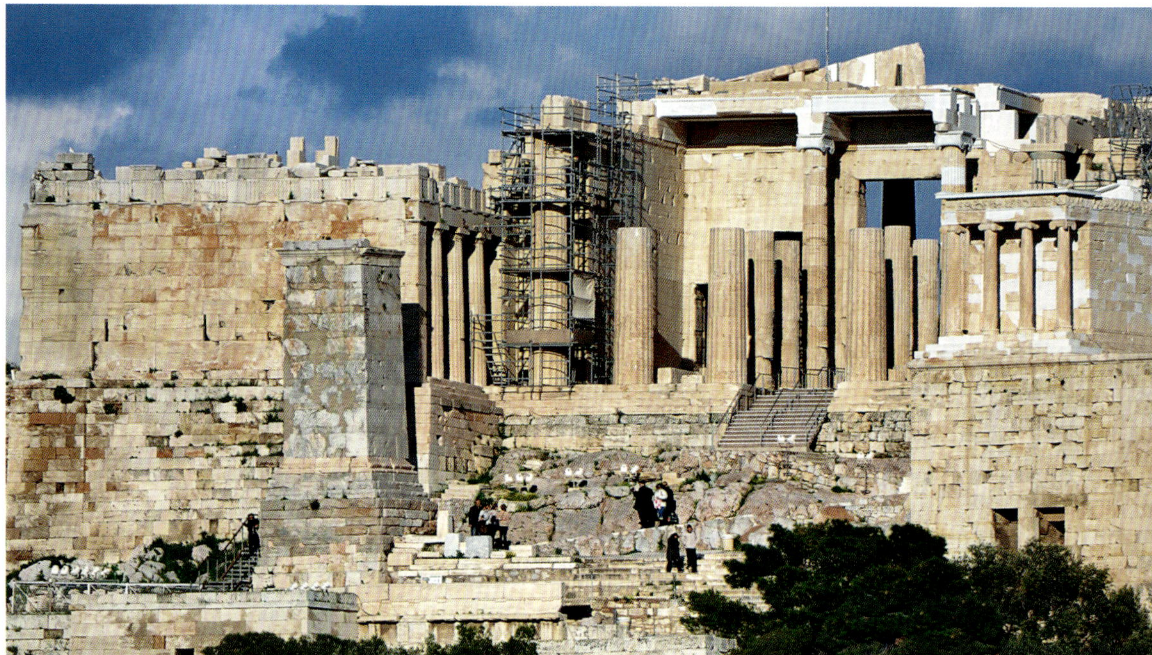

LE TEMPLE D'ATHÉNA NIKÉ OU DE LA VICTOIRE APTÈRE

Athéna Niké est l'une des hypostases sous lesquelles on rendait un culte à Athéna sur le rocher sacré. C'était elle qui soutenait les Athéniens en temps de guerre, la déesse victorieuse, celle qui donnait les victoires. Le nom du temple en tant que Victoire aptère est antique, mais il est dû à un malentendu, du fait que la statue de culte d'Athéna n'avait, bien naturellement, pas d'ailes. À l'époque romaine cependant, lorsque le nom de temple de Niké prévalut, on pensa que la statue n'avait pas d'ailes parce que les Athéniens les avaient enlevées pour que la Victoire ne quitte jamais leur ville.

En 450/49, la Boulè (Conseil) d'Athènes décide de confier la construction du temple à Kallikratès, construction dont les termes sont conservés sur une inscription exposée au musée. En fait, le début des travaux fut retardé d'à peu près 20-25 ans, parce que priorité fut donnée au Parthénon et aux Propylées. Mais son érection fut jugée comme nécessaire pendant la guerre du Péloponnèse, pour des questions de propagande politique. Les colonnes, monolithes ici, de 4 m de haut, ressemblent beaucoup aux colonnes ioniques des Propylées, bien qu'elles n'aient qu'à peine la moitié de leur taille.

À noter que le temple d'Athéna Niké fut le premier temple d'ordre ionique dans l'Athènes ionique. Les ordres architecturaux ne correspondaient pas absolument à la division des tribus des anciens et la monumentalité de l'architecture athénienne s'exprimait magnifiquement avec le style dorique. Mais dans de si petites dimensions, il était impossible de rendre cette monumentalité. Il fut donc décidé de mettre le temple en valeur par d'autres moyens, par exemple la grâce et le raffinement du décor propre à l'ordre ionique (fig. 50).

50

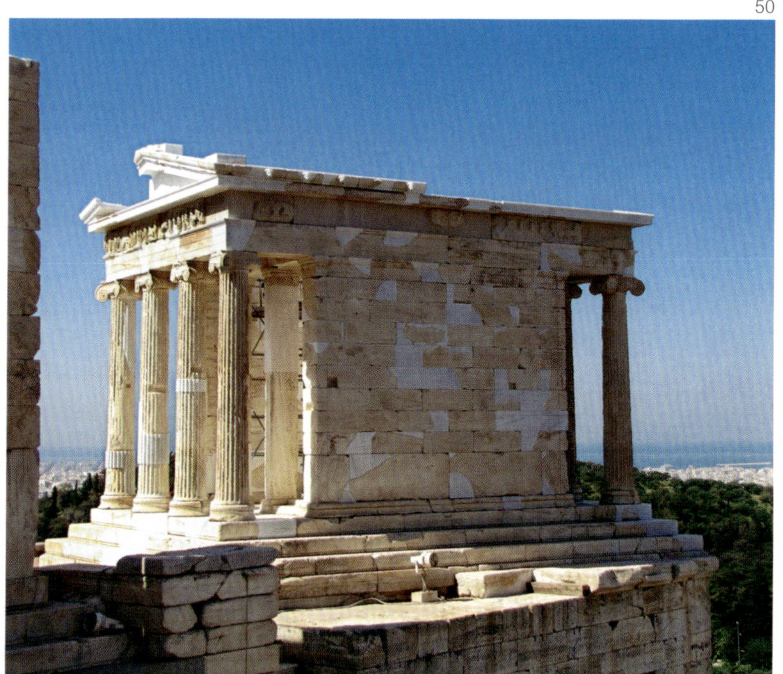

48. Plan des Propylées et du temple d'Athéna Niké. En pointillé, les emplacements des édifices préclassiques (plan I. Travlos).

49. Vue des Propylées et du temple d'Athéna Niké prise depuis le Sud-Ouest, lors des récents travaux de restauration qui améliorèrent grandement l'image des monuments.

50. Vue du temple d'Athéna Niké depuis le Nord-Est, après l'achèvement des récents travaux de restauration. La frise fut transportée au musée et remplacée sur l'édifice par un moulage.

Le **décor sculpté** sert les visées idéologiques de la politique athénienne, c'est-à-dire (a) rendre hommage à Athéna Niké et insister sur sa présence dans la cité et (b) promouvoir les victoires guerrières d'Athènes pour montrer sa contribution à l'issue favorable des guerres médiques et justifier ainsi ses prétentions à une hégémonie panhellénique. Ici elle est exprimée, non seulement par des références mythologiques, comme dans d'autres édifices, mais pour la première fois par des références historiques. La promotion de la cité est exprimée par la mythologie aux deux frontons dont il semble que celui de l'Est représentait la Gigantomachie et celui de l'Ouest l'Amazonomachie.

On trouve des références historiques directes dans la **frise**. Datée des environs de 420 av. J.-C., c'est-à-dire pendant la guerre du Péloponnèse, il est logique qu'elle ait été utilisée pour véhiculer la propagande contre Sparte en illustrant des batailles. Le décor sculpté est complété par le **parapet à reliefs** placé à l'extrémité du bastion vers 410 av. J.-C. pour des raisons de sécurité. Ici la représentation se trouve sur la face extérieure, c'est-à-dire qu'elle était visible par ceux qui arrivaient à l'Acropole, en complément du décor sculpté du temple. Une série d'environ 50 personnifications ailées de Niké édifient des trophées avec des armes grecques ou perses et préparent un sacrifice pour Athéna (fig. 52).

Aujourd'hui encore, on reste bouche bée devant ces figures juvéniles aux mouvements originaux, les corps vigoureux et les vêtements transparents. La plus connue de toutes est la Niké qui détache sa sandale pour monter pieds nus à l'autel (fig. 51). Dans un geste humain, quotidien, la figure donne au sculpteur l'occasion de mettre en valeur les qualités du corps, mais aussi sa propre expression artistique.

51. L'une des œuvres d'art les plus célèbres de l'Acropole. La Niké qui se penche pour détacher sa sandale.

52. Deux des Nikés du parapet d'Athéna Niké conduisent un taureau au sacrifice.

51

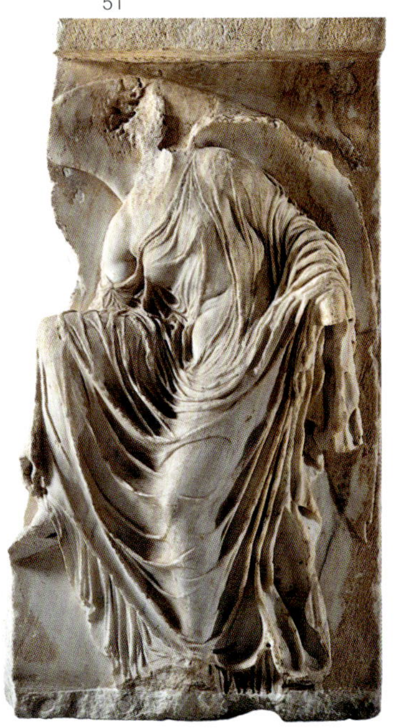

52

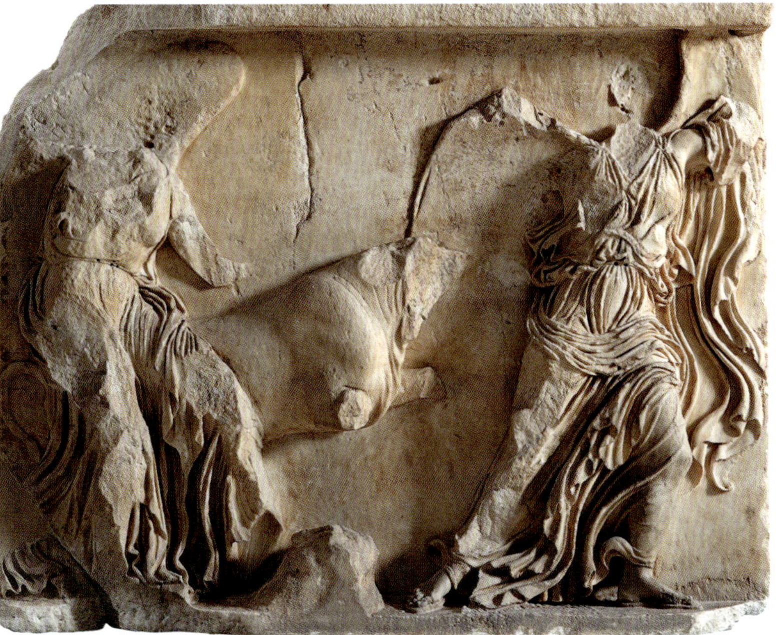

L'ÉRECHTHÉION

Bien que son rayonnement n'atteigne pas celui du Parthénon, l'Érechthéion était le temple le plus important de l'Acropole. C'est là, en effet, qu'était gardée la vieille statue en bois de la déesse que, tous les quatre ans, aux Panathénées, on revêtait d'un nouveau péplos. Il semble qu'en raison des circonstances historiques difficiles, il ait été construit par étapes, lors des pauses dans la guerre du Péloponnèse, entre 421-415 et 410-406 av. J.-C. C'est un édifice original et complexe. Bien qu'il s'agisse d'un temple, il n'a ni symétrie ni régularité. Il est constitué de trois volumes différents reposant sur quatre niveaux et il possède quatre façades avec des toits et des colonnades différents. En dépit des difficultés d'aménagement et architecturales, l'architecte (Mnésiklès ?) a non seulement réussi à donner de la cohésion à l'édifice, mais à en faire un des ouvrages les plus élégants de l'architecture grecque antique.

La particularité de l'Érechthéion est due à plusieurs facteurs qui constituaient des préalables sérieux pour son créateur : a) il fut construit à l'extrémité Nord du rocher, à côté du rempart, visiblement pour laisser libre l'espace central de l'Acropole où se concentraient les milliers de fidèles pour assister au sacrifice des Panathénées ; b) à l'endroit où il fut construit il y avait une grande différence hypsométrique qui dépassait les 3 m ; c) dans le temple devaient être abrités plusieurs cultes de dieux olympiens liés aux « signes sacrés », c'est-à-dire aux indices de la présence divine sur le rocher sacré, comme l'olivier d'Athéna, les traces du trident et l'eau de Poséidon, etc. ; d) l'édifice devait aussi abriter des tombeaux d'anciens rois, d'archégètes (fondateurs) et de héros du passé mythique de la ville, comme Cécrops, Érechthée, Boutès, etc., puisque leur présence

53. Plan de l'Érechthéion avec ses divisions intérieures (dessin I. Travlos).

54. Vue de l'Érechthéion depuis le Sud-Ouest. Au premier plan, les fondations de l'*archaios neos* (Vieux-Temple) détruit par les Perses, auquel succéda l'Érechthéion.

53

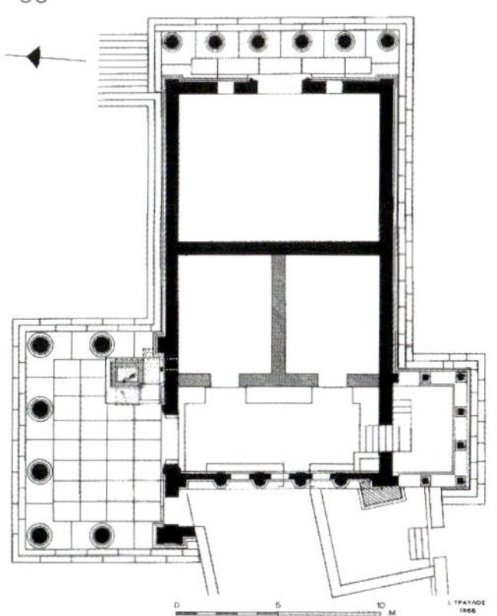

54

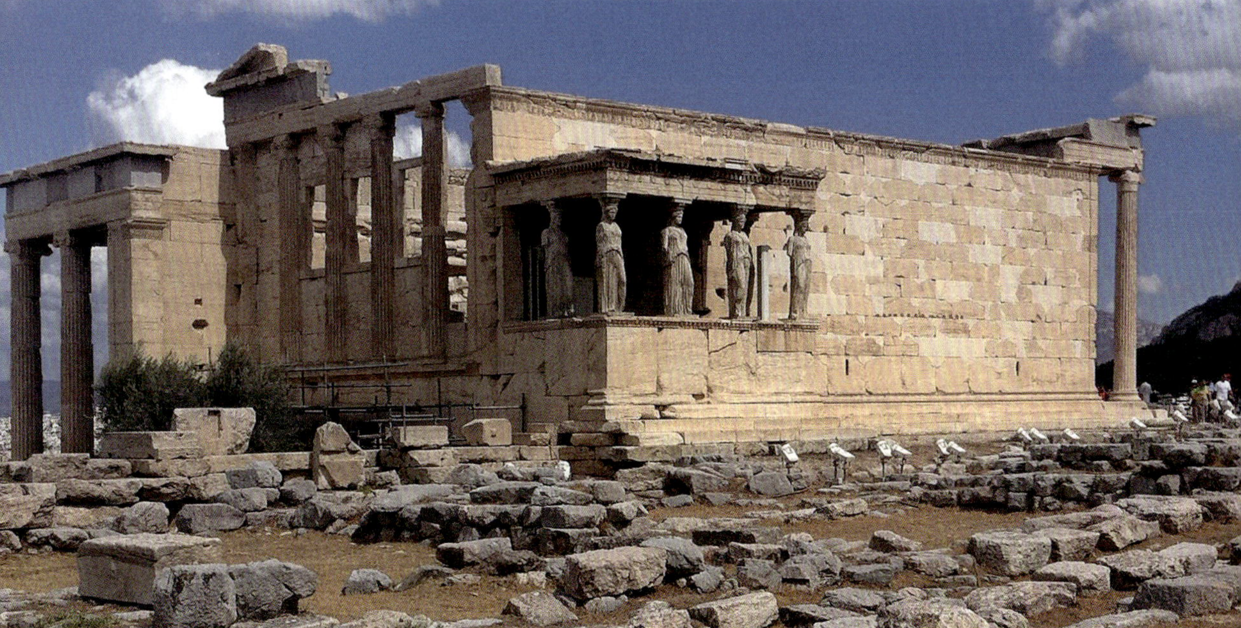

55. Reconstitution hypothétique de l'Érechthéion depuis le Nord-Ouest, lors d'une procession sacrificielle. On remarquera le rôle des couleurs pour mettre en valeur l'architecture du monument, et la frise en particulier (dessin P. Connolly).

56-57. Vues des Caryatides. Les figures féminines dressées comme des colonnes sont devenues des modèles de la statue-support dans l'histoire de l'architecture.

était la preuve que, dès la plus haute Antiquité, les Athéniens étaient autochtones.

Tous ces vieux vestiges devaient être incorporés dans un bâtiment d'un seul tenant et imposant pour acquérir un caractère emblématique, comme l'exigeaient les besoins idéologiques et artistiques de l'époque. En même temps, le nouveau temple devait ressembler dans sa disposition intérieure, à son prédécesseur, le Vieux-Temple (*archaios néos*), qui avait été détruit par les Perses et qui visiblement répondait aux mêmes besoins. La cella fut ainsi divisée en deux parties, dans la largeur (fig. 53). Dans la partie Est, dont la façade présentait une colonnade ionique hexastyle (six colonnes) et deux fenêtres de part et d'autre de la porte, c'était le temple d'Athéna Polias qui abritait la très ancienne statue en bois de la déesse (*xoanon*). Dans la partie Ouest, qui se déployait probablement sur des plans différents en raison de la dénivellation, étaient abrités plusieurs des autres cultes. Les deux porches au Nord et au Sud de l'édifice hébergeaient et en même temps mettaient en valeur quelques-uns des signes sacrés, tandis que dans un sanctuaire de plein air vers l'Ouest, le Pandroseion, il restait d'autres vestiges respectables du passé d'Athènes comme l'olivier d'Athéna (fig. 55).

L'Érechthéion fut donc construit pour magnifier et révéler tous les éléments qui prouvaient la présence des dieux dans la ville et confirmaient l'ancrage très ancien des Athéniens sur la même terre. Ce fait, à savoir qu'ils étaient autochtones, constituait l'une de leurs plus puissantes armes idéologiques face aux Spartiates. Ils étaient fiers d'être des Ioniens et d'habiter depuis toujours sur leur territoire, tandis que leurs adversaires doriens, ils les accusaient d'être des nouveaux venus. L'argument de leur longue histoire, en même temps que les preuves de l'amour et de l'intérêt des dieux, renforçaient le prestige des Athéniens auprès de leurs ennemis et de leurs amis, et constituaient un moyen de plus pour appuyer idéologiquement leurs prétentions hégémoniques sur la Grèce.

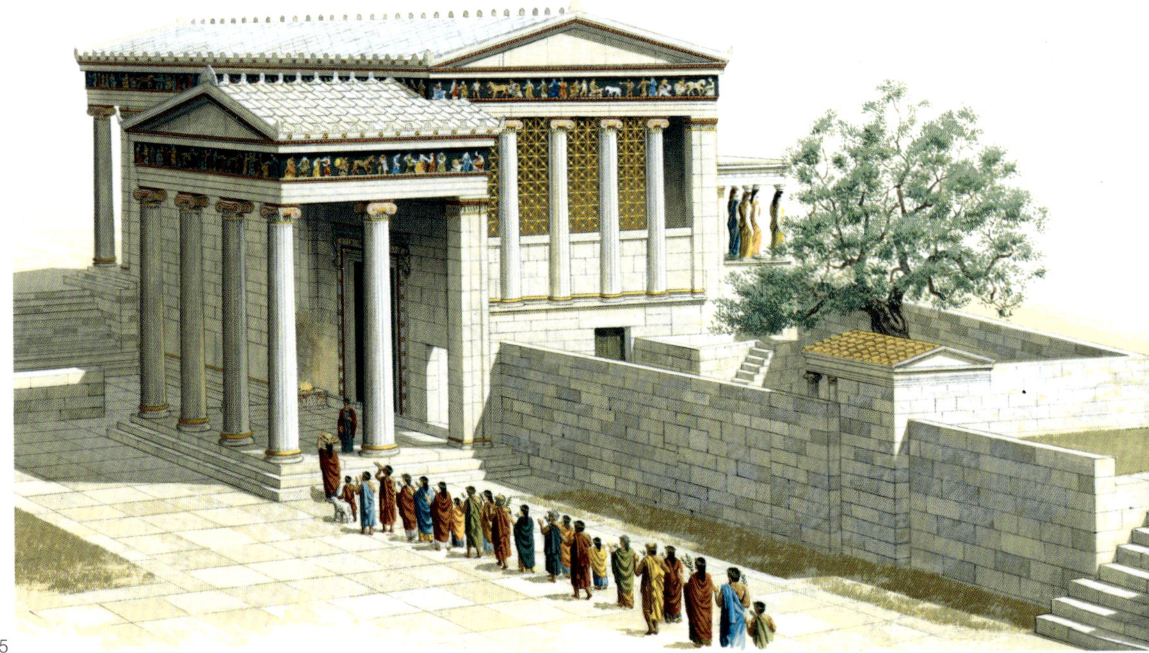
55

Les Caryatides et la frise

Aussi original que l'architecture est le décor sculpté de l'Érechthéion avec les fameuses Caryatides, c'est-à-dire les six jeunes filles de 2,20 m de haut qui, au lieu des colonnes, portent sur leurs têtes le toit bas et plat du porche Sud du temple. Le rôle architectural des korés est servi par leur posture (axiale), leurs lourds vêtements (plis verticaux du péplos comme des cannelures de colonnes), leurs coiffures complexes et volumineuses (pour renforcer la nuque, le point faible) et une sorte de panier sur la tête, qui joue le rôle de chapiteau. Comme on peut l'observer à l'arrière, où le rendu est différent, les six statues (une se trouve au British Museum), ont été faites par divers sculpteurs qui copièrent un modèle, une œuvre des élèves de Phidias, Agoracrite ou Alcamène, ou encore Callimaque. Il n'est pas exclu que chacune des korés ait

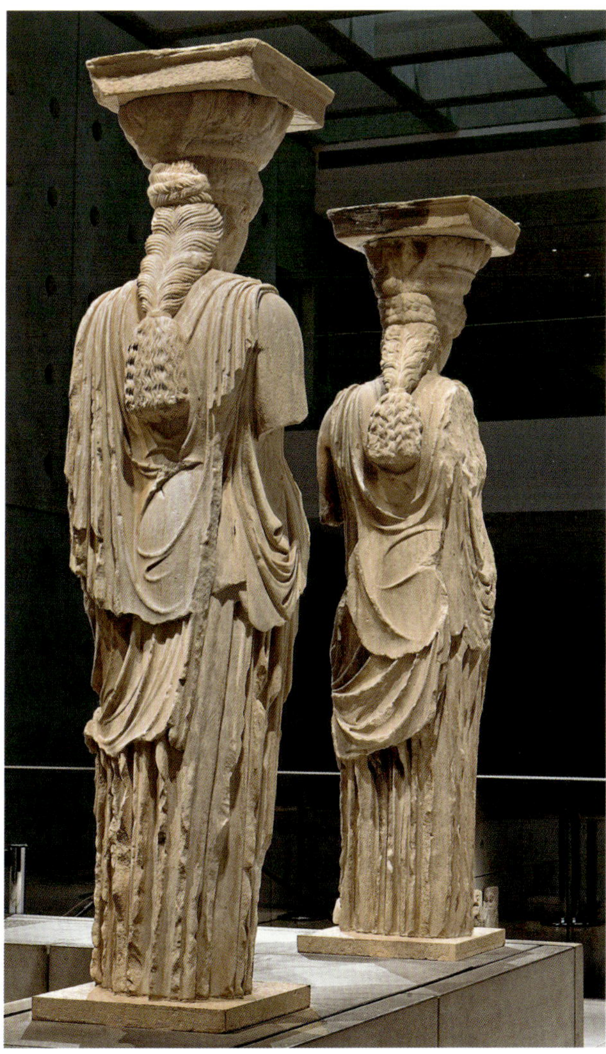

56

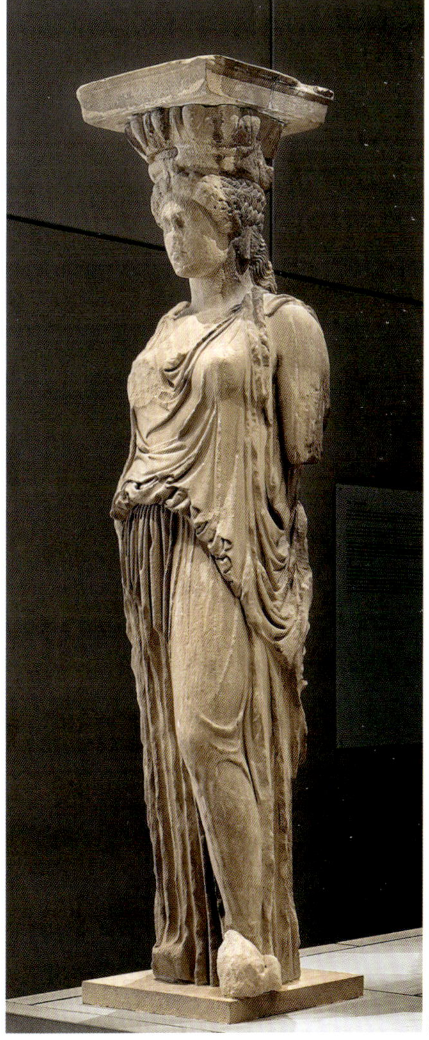

57

58. Vue du côté Est de l'Érechthéion, avec le porche ionique à six colonnes où se trouvait l'entrée du temple principal d'Athéna Polias.

59. Base d'offrande avec la représentation en relief d'une compétition des Panathénées, celle de la course de voltige, qui se fait l'écho d'une scène de la frise du Parthénon.

60. L'une des œuvres les plus importantes de la sculpture en ronde bosse, la statue de Procné et Itys, son fils, a été exécutée et peut-être offerte par Alcamène, l'élève de Phidias, vers 430 av. J.-C.

eu des couleurs différentes sur les vêtements, ce qui accentuait encore la polychromie de l'édifice.

En dehors de leur caractère artistique, les figures ont un symbolisme, puisque le porche Sud se trouve au-dessus du tombeau de Cécrops, le très ancien roi de la ville ; les korés constituent l'expression artistique vivifiante du monument funéraire. Par un léger mouvement de la jambe, elles sont figurées marchant rituellement, comme dans une procession, et leur représentation sur ce vénérable monument rappelait la piété des Athéniens envers leurs ancêtres.

Le deuxième ensemble sculpté de l'Érechthéion est sa **frise**, de 60 m de long, qui courait sur les trois côtés du temple, à l'exception peut-être du côté Ouest, lui donnant ainsi un sentiment d'unité. La particularité de la frise réside dans le fait que, pour des raisons artistiques ou économiques, elle se compose de figures isolées de marbre blanc, qui avaient été fixées avec des clous sur des plaques taillées dans une pierre sombre d'Éleusis. Si des fragments de plus de cent figures (surtout des femmes) sont conservés, il n'a pas été possible d'identifier le thème de la représentation, qui n'était probablement pas unique. On a pensé que la frise illustrait des scènes du mythe d'Érechthée, le héros qui donna son nom au temple, ou avait un rapport avec les nombreux cultes de l'endroit.

58

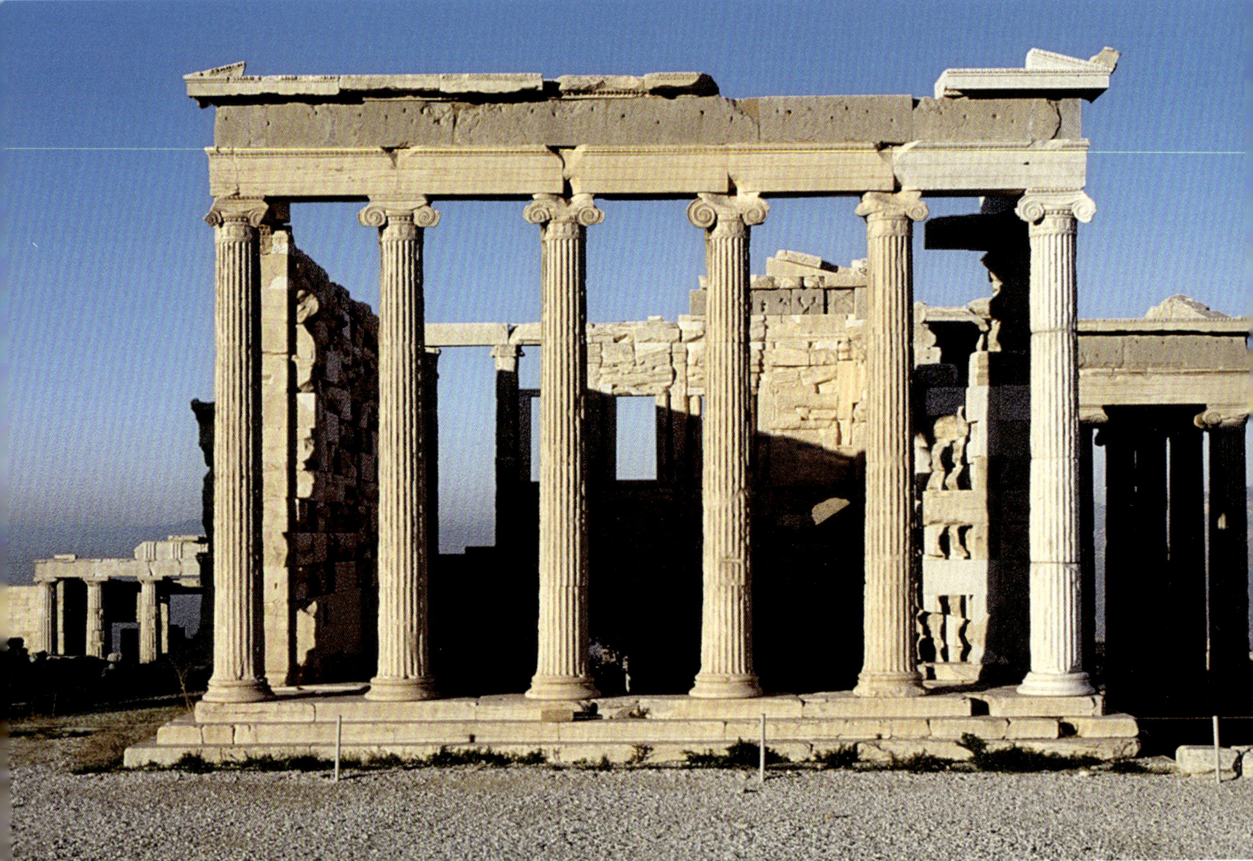

OFFRANDES SUR L'ACROPOLE

Avant de monter au troisième niveau avec les sculptures du Parthénon, il vaut la peine de se promener dans l'aile Nord du premier niveau où sont exposées des statues, des reliefs, des bases en marbre, des inscriptions et autres œuvres de l'art grec antique découverts sur l'Acropole. Le sanctuaire d'Athéna en tant que sanctuaire central de la cité, mais aussi en raison de sa grandeur et de sa célébrité, recevait une foule d'ex-voto soit publics, c'est-à-dire du gouvernement d'Athènes, soit de particuliers, des Athéniens importants, mais aussi des donateurs étrangers.

Parmi les œuvres du ve s., la plus importante est la statue de Procné avec son fils Itys, œuvre d'Alcamène, l'élève de Phidias (fig. 60). Du ive s., on citera la tête de la statue de culte d'Artémis Brauronia, du sanctuaire de l'Acropole, œuvre de Praxitèle, ainsi qu'un assez grand nombre de statues d'Athéna, d'époque romaine essentiellement. Parmi les portraits d'hommes illustres, il faut nous arrêter sur la copie romaine de Miltiade, d'une offrande à plusieurs personnages de Phidias à Delphes, sur le portrait de jeunesse d'Alexandre le Grand et sur des portraits d'empereurs romains.

59

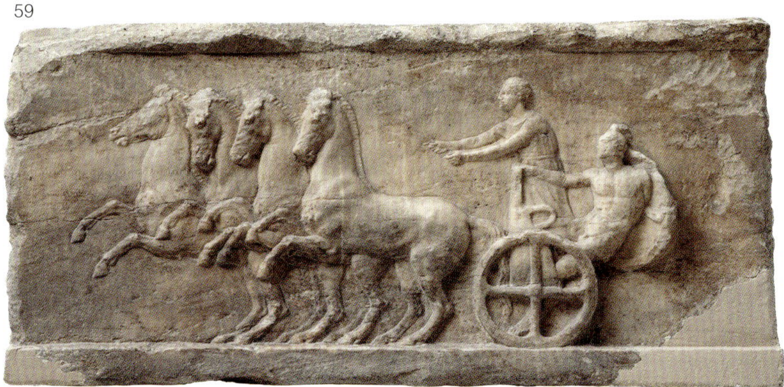

60

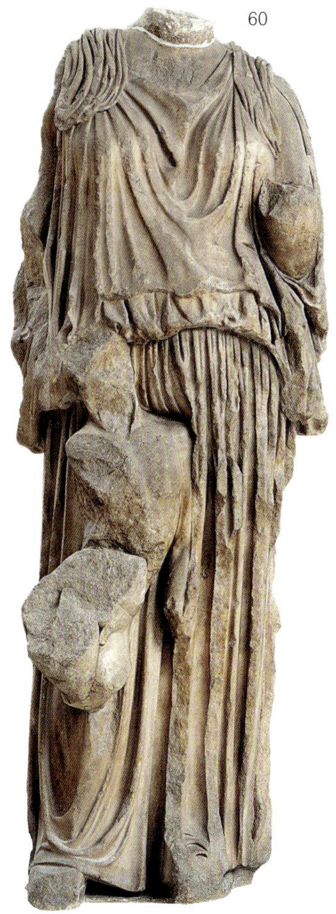

Parmi les reliefs, celui qui représente le bateau sacré des Athéniens, la Paralos, est important, ainsi que les bases avec des scènes de compétitions athlétiques et de manifestations des Panathénées (fig. 59). Et puis de nombreuses inscriptions se réfèrent à des décisions du *démos* d'Athènes à propos d'alliances et de traités avec d'autres cités, de même qu'à des décrets honorifiques pour des bienfaiteurs d'Athènes.

Une sphère en marbre est unique et difficile à interpréter ; elle provient du théâtre de Dionysos et date des iie-iiie s. apr. J.-C. Portant divers symboles magiques, elle est peut-être liée à des pratiques magiques pour des compétitions, des combats de gladiateurs et autres activités qui se déroulaient dans le théâtre de Dionysos à l'époque romaine impériale.

Enfin, c'est à l'histoire de la ville dans l'Antiquité tardive que sont liés le portrait d'un philosophe néoplatonicien du ve s. apr. J.-C. et un trône de marbre du iie s. apr. J.-C., utilisé comme trône épiscopal lorsque le Parthénon fut transformé en église.

LE PARTHÉNON

Environnement historique et politique

Le Parthénon est le monument le plus caractéristique de la culture classique, indissolublement lié à l'époque et aux circonstances de sa création. C'est une époque qui a connu en même temps le régime démocratique, la joie de créer et le rêve d'un peuple tout entier, après des guerres victorieuses, la présence de dirigeants d'envergure, une abondance de moyens économiques et des créateurs inspirés assistés d'excellents artisans.

L'œuvre, comme toutes les grandes réussites de cette cinquantaine d'années, est généralement créditée au grand chef de la cité, à Périclès. Celui-ci fut, bien sûr, le dernier maillon d'une **série de grands dirigeants** qui comprend Solon, Pisistrate, Clisthène, Thémistocle, Aristide et Cimon. Sans eux, qui contribuèrent à affermir la puissance athénienne, à asseoir la démocratie, aux grandes victoires contre les Perses et à la création de la 1re ligue athénienne, les œuvres n'auraient pas vu le jour ou n'auraient pas abouti au même résultat.

61

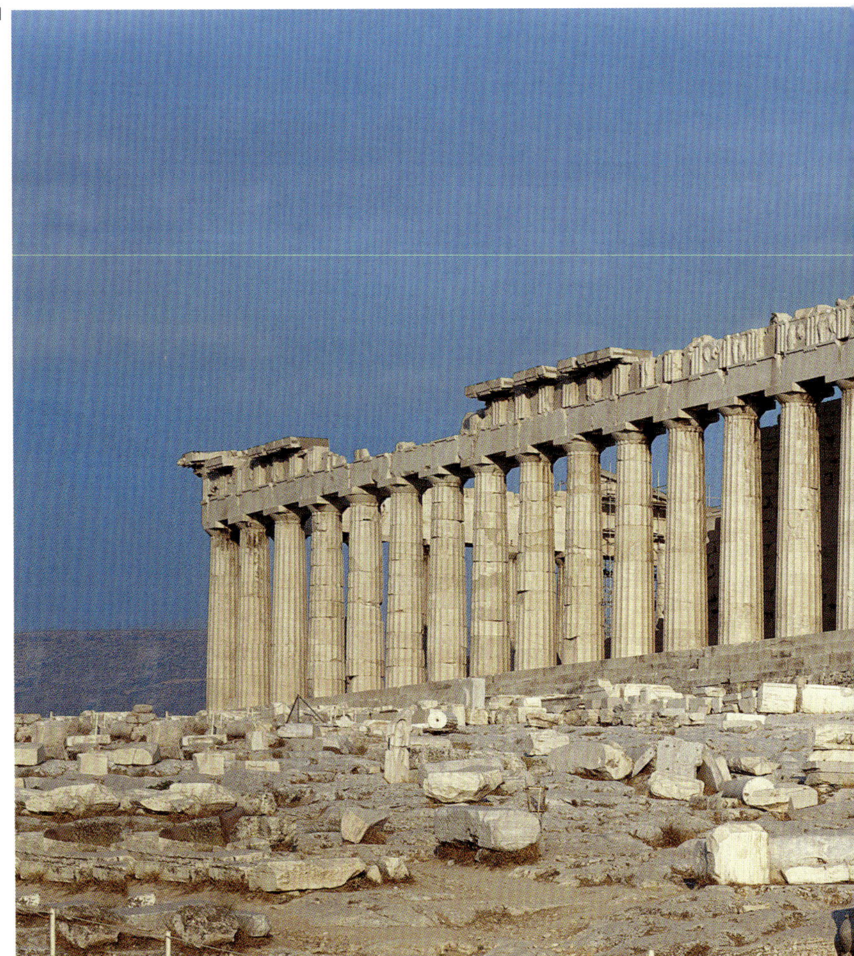

61. Vue du Parthénon depuis l'angle Nord-Ouest, qui montre bien l'*eumétria* du temple, c'est-à-dire le rapport équilibré entre ses trois dimensions, la longueur, la largeur et la hauteur.

En dépit de la formule de Thucydide qui fait état de la direction d'un seul homme (*enos andros archè*), à cette époque de la démocratie athénienne, tout ce qui touchait à l'application du programme architectural de Périclès devait se faire selon les lois et les règles du gouvernement athénien. Ainsi, quand la proposition de Périclès fut acceptée, et non sans mal, par le peuple athénien à l'*ekklésia*, on désigna **Iktinos** et **Kallikratès** comme architectes du temple, tandis que la surveillance générale de l'œuvre revenait au sculpteur **Phidias**, l'ami de Périclès, également chargé de la statue chryséléphantine d'Athéna qui allait être placée dans le nouveau temple.

La gestion économique des ouvrages fut placée sous le contrôle de commissions (les épistates) dont la charge était annuelle, lesquels étaient responsables devant l'Assemblée du peuple. Ceux-ci, suivant le cahier des charges, s'occupaient d'acheter les matériaux, de verser les salaires journaliers et de payer les dépenses. À la fin de leur mandat, ils remettaient la caisse à leurs successeurs, inscrivant sur des stèles de marbre tous les travaux, avec les

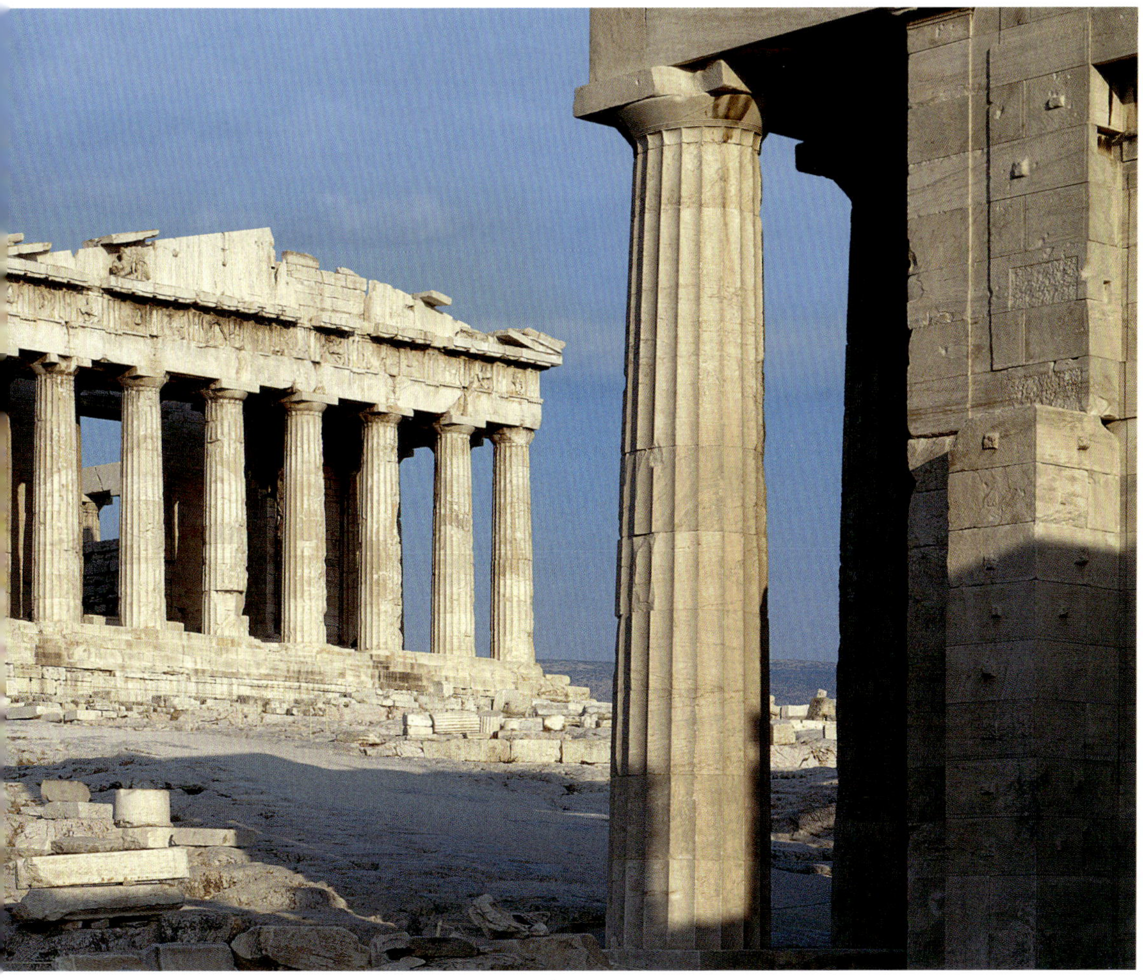

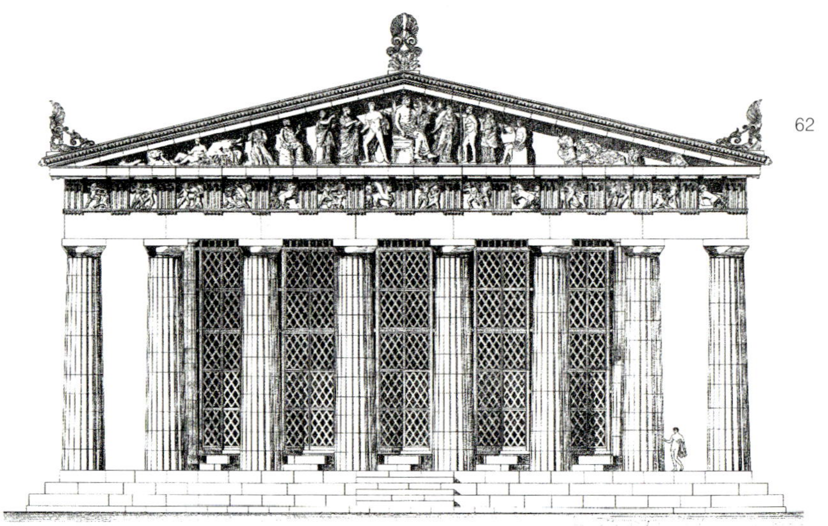

62

62. Dessin de reconstitution de la façade Est du Parthénon, avec le décor sculpté. Entre les six colonnes du porche, il y avait des barreaux, parce qu'à l'intérieur du temple, et surtout de l'opisthodome, se trouvait le trésor de la cité (dessin A. Orlandos).

63. Plan du Parthénon. Au milieu de la colonnade Nord, on remarque les vestiges d'un petit temple antérieur d'Athéna Ergané (?), qui fut incorporé dans le nouvel édifice (plan M. Korrès).

dépenses engagées et le reste de l'argent. Ces stèles étaient exposées sur l'Acropole, à la vue de tous, de façon à ce que tout un chacun puisse contrôler la gestion de l'argent public. À partir de ces inscriptions, dont l'une est exposée dans le vestibule bien éclairé du troisième niveau, nous savons que les travaux du Parthénon commencèrent en 447 av. J.-C. avec la découpe des premiers marbres dans la carrière du Pentélique et que, dans un intervalle de dix ans, l'édifice était achevé et le décor sculpté mis en place en 433/2.

L'autre élément qui fascine, si l'on juge les résultats, c'est le haut niveau de gestion d'une telle œuvre. Le nombre des spécialités, des équipes et des individus engagés, la rapidité de la construction et la qualité obtenue présupposent une organisation parfaite, une coordination irréprochable et une collaboration extraordinaire partant des créateurs eux-mêmes et aboutissant au dernier esclave qui fabriquait, par exemple, des cordes pour les grues. Nous avons donc un grand ouvrage qui, au contraire des ouvrages d'autres civilisations de l'Antiquité, ne sert pas la gloire du chef, n'est pas non plus décidé par un chef et exécuté servilement par des sujets. Il s'agit d'une œuvre qui émane de la volonté commune et de la décision de tous les citoyens, qui participèrent consciemment et activement à sa réalisation, puisqu'il avait pour but de louer et de mettre en valeur les réussites du régime, c'est-à-dire du peuple d'Athènes tout entier.

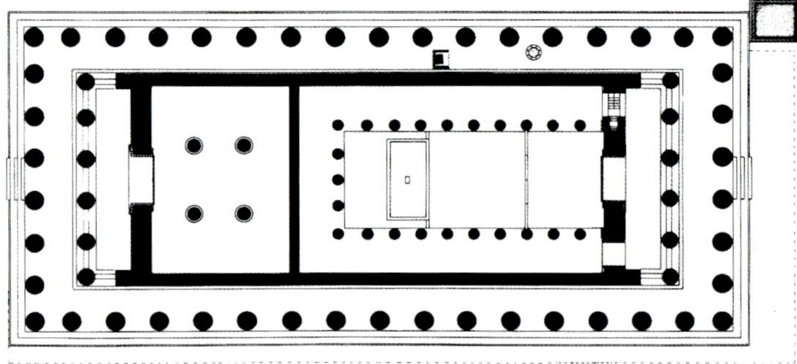

63

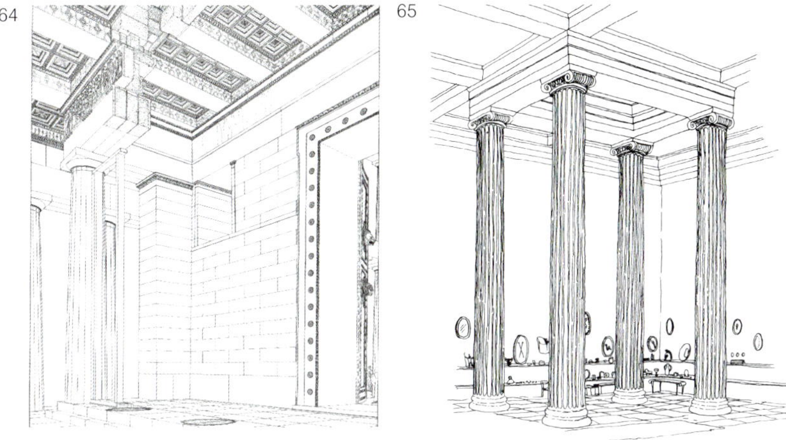
64 65

64. Reconstitution en perspective du pronaos du Parthénon où l'on distingue la porte ouverte de la cella, l'une des fenêtres pour l'éclairage intérieur, ainsi que l'emplacement de la frise au-dessus du porche à six colonnes (dessin M. Korrès).

65. Reconstitution en perspective du Parthénon proprement dit, c'est-à-dire de la pièce arrière du temple, dont le plafond était soutenu par quatre colonnes très hautes. C'est dans cet espace qu'était gardé le trésor public et là qu'on déposait les offrandes précieuses à la déesse (dessin I. Gelbrich).

66. Reconstitution linéaire simplifiée d'un temple dorique, exagérée de façon à bien montrer les particularités architecturales. Nombre des courbes et des raffinements avaient déjà été mis au point par l'architecture grecque antique dans les périodes précédentes, mais c'est au Parthénon qu'ils trouvèrent leur expression idéale (dessin J. J. Coulton).

Traits architecturaux

Le Parthénon est un temple dorique périptère, avec huit colonnes sur les petits côtés et 17 sur les longs. Il a aussi une cella hexastyle amphiprostyle, c'est-à-dire que devant les petits côtés, sont aménagés un pronaos et un opisthodome avec 6 colonnes chacun (fig. 63).

La cella du Parthénon, c'est-à-dire l'intérieur du temple, suivant une longue tradition des temples de l'Acropole, était divisée en deux parties inégales. La partie Est, la plus grande, avait une colonnade intérieure en *pi* (Π) avec un étage, qui entourait la statue d'Athéna Parthénos. Cette partie avait une largeur inouïe pour son époque, avoisinant les 20 m, une initiative de Phidias, pense-t-on, qui souhaitait mettre en valeur son œuvre, la statue chryséléphantine d'Athéna Parthénos, dans un espace vaste. L'éclairage de la statue était aussi servi par deux fenêtres de part et d'autre de la porte (fig. 64), élément qui apparaît pour la première fois dans un temple.

Le Parthénon est l'un des plus grands temples classiques par la taille. Il a 69,50 m de long et 30,88 m de large, c'est-à-dire une surface de plus de 2 000 m^2 (fig. 67). Il est fait de 16 500 **marbres** de tailles diverses : depuis les gigantesques épistyles de 4,30 m de long et de 5-10 tonnes jusqu'aux tuiles de marbre qui atteignaient le nombre de 9 000.

Mais deux autres traits font encore du Parthénon un ouvrage inégalable : l'un est **l'équilibre entre ses trois dimensions** (*eumétria*), c'est-à-dire l'image que perçoit le visiteur actuel qui le voit pour la première fois en sortant des Propylées (fig. 61). Ajouté à un rapport de 9 : 4, un rapport d'harmonie intérieure que l'on retrouve dans de nombreux éléments isolés du temple, comme celui de la longueur et de la largeur du stylobate, de la longueur des petits côtés et de leur hauteur, ainsi que dans l'entrecolonnement des deux colonnes centrales et de leur diamètre inférieur.

L'autre caractéristique du Parthénon, c'est ce qu'on appelle les **raffinements**, les déviations très fines et invisibles par rapport à la normalité, surtout les courbes des surfaces horizontales et les inclinaisons des éléments verticaux. En effet,

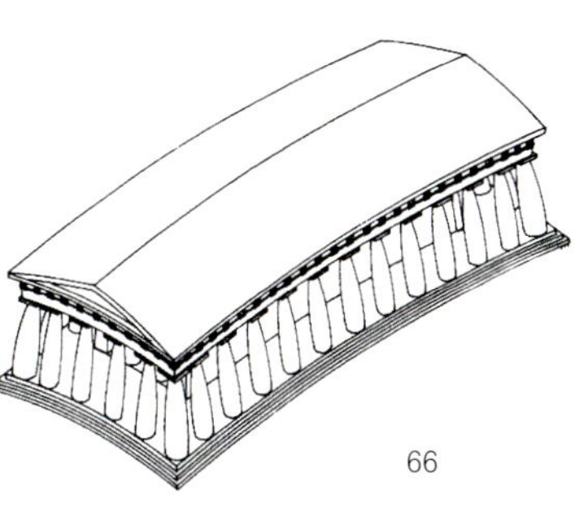
66

aucune des lignes du monument n'est droite, aucune surface n'est plane (fig. 66).

Les courbes commencent sur le stylobate du temple qui s'incurve peu à peu le long des quatre côtés. La légère courbure des surfaces du stylobate entraîne des transformations de tous les éléments horizontaux de l'entablement (épistyle, frise, corniches) sur les quatre côtés, et pas seulement sur la péristasis, mais aussi sur les murs de la cella.

On observe des déviations comparables sur les colonnes doriques ; les colonnes ne sont pas de véritables cylindres, mais présentent un rétrécissement (*meiosis*) de bas en haut ; elles ne sont pas verticales sur le stylobate, mais penchent légèrement vers l'intérieur, celles des angles ayant une double inclinaison. Enfin, les distances entre les colonnes ne sont pas égales, celles qui se trouvent près des angles sont plus rapprochées, celles du centre plus espacées, phénomène que l'on appelle conventionnellement « la marche ».

Ce réseau de caractéristiques, invisibles au premier coup d'œil, ne peut relever de corrections optiques ni avoir été destiné à neutraliser des illusions d'optique, comme on l'avait supposé depuis l'Antiquité tardive. Il s'agit d'un **tissu secret** qui maintient l'ensemble de l'édifice, même dans les endroits les plus cachés, qui a été voulu pour servir des objectifs purement esthétiques. Il a été fait pour donner le souffle de la vie et du mouvement au monument, pour le sortir de la statique et de la rigidité, lui ajoutant une **harmonie intérieure** cachée qui, pour Héraclite, était plus importante que l'harmonie visible. Tout cela, bien sûr, implique qu'aucun bloc du monument n'était exactement semblable à un autre, même à son voisin ou à celui du

67. Reconstitution graphique du Parthénon, en coupe partielle depuis l'angle Sud-Est, de façon à ce qu'apparaissent tous les traits de l'architecture et de la sculpture à l'intérieur (dessin P. Conolly).

67

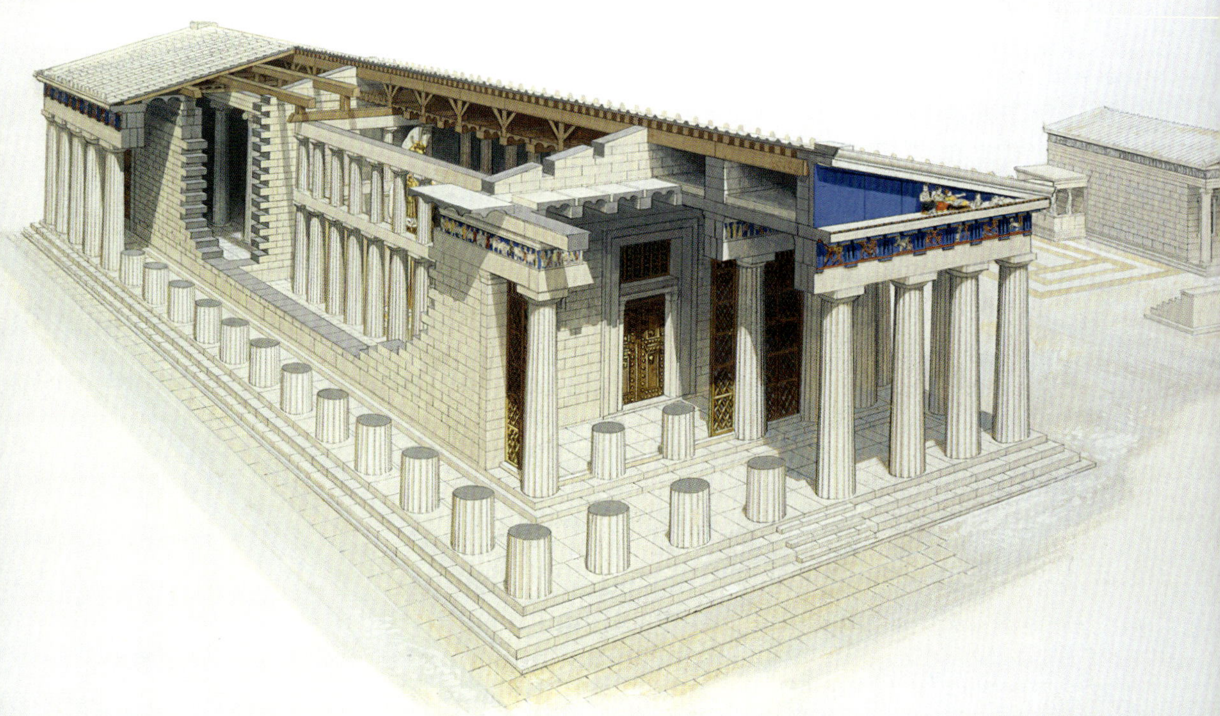

68

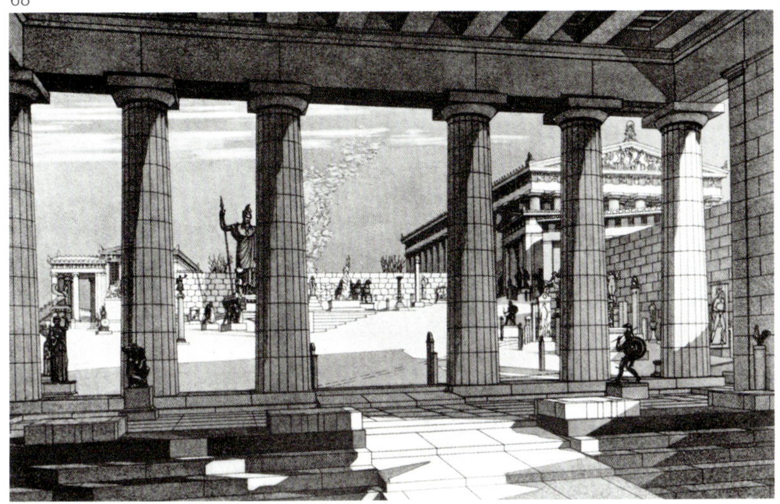

68. Vue de l'intérieur de l'Acropole depuis les Propylées. L'image complète du Parthénon que nous avons aujourd'hui, les anciens ne l'avaient pas. Elle était gênée par le péribole et le propylon du sanctuaire d'Artémis Brauronia (dessin G. P. Stevens).

69. Reconstitution graphique de la statue en bronze d'Athéna Promachos, œuvre de Phidias, offerte par l'État, en hommage pour la victoire de Marathon (dessin G. P. Stevens).

dessus, ce qui exigeait une précision extraordinaire dans le dessin et l'exécution. Ce réseau trahit naturellement un très haut niveau de connaissances mathématiques, mais aussi les exigences esthétiques des hommes de l'époque. Car on ne peut admettre que tout cela ait été fait pour satisfaire uniquement les besoins des créateurs du monument. Tout devait répondre aux exigences esthétiques de l'ensemble d'une société à laquelle s'adressait finalement l'édifice.

LE DÉCOR SCULPTÉ

Le décor sculpté des temples grecs de l'Antiquité avait un triple objectif :
a) religieux et cultuel, parce qu'il racontait d'habitude des épisodes de la vie et des exploits du dieu vénéré, dans le but de renforcer la croyance des hommes, b) ornemental, puisqu'il décorait des surfaces architecturales et des endroits qui, autrement, seraient restés presque invisibles, rehaussant ainsi la valeur esthétique de l'édifice, c) politico-idéologique, puisque d'ordinaire les thèmes mythologiques avaient un caractère symbolique ; ils étaient mis en parallèle avec des événements historiques importants de la cité, renforçant ainsi la diffusion de son idéologie politique.

Le décor sculpté du Parthénon est, en quantité, en qualité et par son contenu, digne de l'architecture du temple, complétant ainsi le plan grandiose de Périclès et de ses collaborateurs. La conception et la responsabilité de l'ensemble de ce programme incombaient à **Phidias**, mais à son exécution collaborèrent de nombreux sculpteurs, dont certains de ses meilleurs élèves. Lui-même n'a peut-être travaillé que jusqu'en 438 av. J.-C., puisqu'il alla ensuite à Olympie exécuter la statue chryséléphantine de Zeus.

Son créateur exploita toutes les possibilités que lui offrait le monument, puisqu'il orna de sculptures les deux frontons, les 92 métopes et l'ensemble de la frise, d'une longueur de 160 m. L'ordre chronologique de l'élaboration de ces œuvres, nous ne l'imaginons pas seulement par la suite logique de la

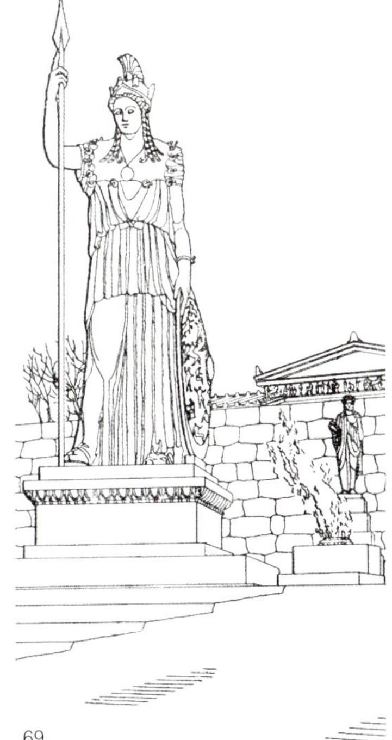

69

construction des différentes parties du temple, mais en puisant des informations dans les inscriptions qui mentionnent les dépenses. Le travail sur les colonnes se poursuivit jusqu'en 442 av. J.-C., par conséquent les métopes furent placées sur l'édifice un peu plus tard, bien que leur taille, à l'atelier, ait commencé plus tôt. La frise, puisque les blocs sur lesquels elle était sculptée étaient un élément de l'architecture, doit avoir été mise en place avant 438, date où fut inauguré le temple. Mais il semble que la taille des reliefs se poursuivit et fut terminée sur le monument. Enfin, les figures tympanales et les acrotères, qui avaient été préparés à l'atelier, furent installés sur le monument jusqu'en 433/2 av. J.-C.

L'exposition des sculptures du Parthénon au musée de l'Acropole a ceci de particulier qu'elle associe les œuvres ou les fragments de marbre authentiques avec les moulages en plâtre des marbres qui sont dans d'autres musées et collections à l'étranger, surtout au British Museum où ils aboutirent après avoir été enlevés par Lord Elgin en 1801-1803. Le visiteur peut ainsi voir la forme globale des œuvres qui avaient été mises en pièces lors des nombreuses vicissitudes subies par le monument. Et puis la salle du décor sculpté a les mêmes dimensions et la même orientation que le Parthénon, tandis que la vue directe du monument sur le rocher sacré fait de la visite une expérience unique.

70

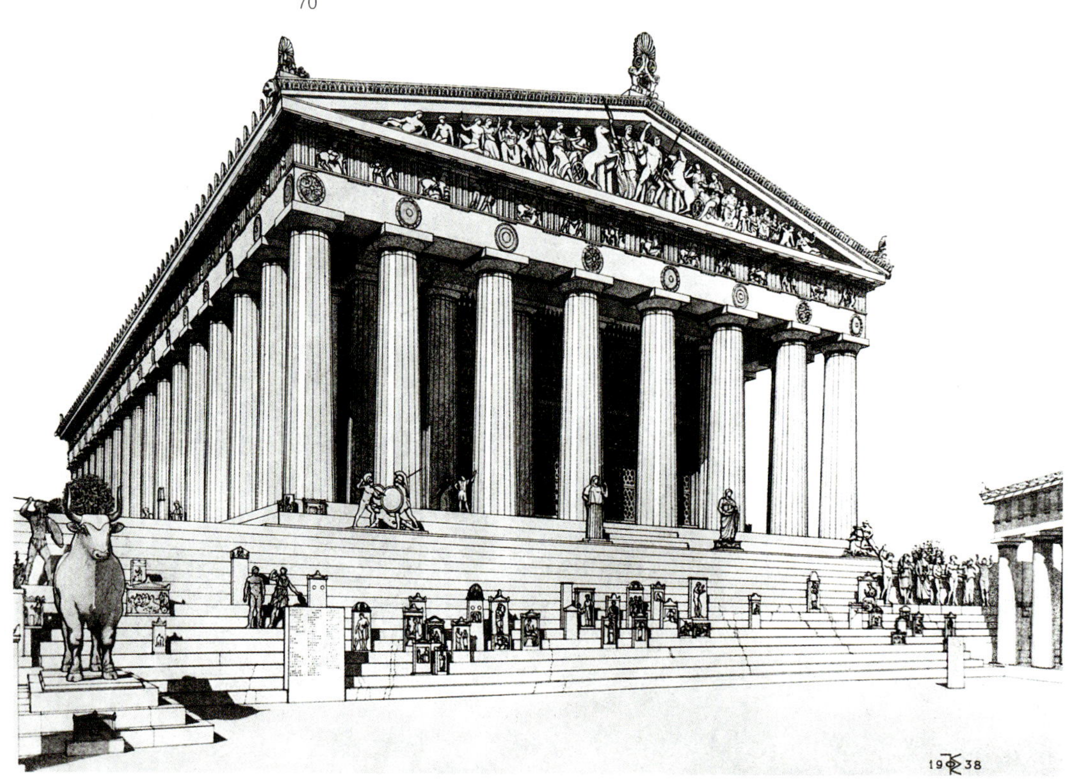

70. Reconstitution graphique de la façade Ouest (arrière) du Parthénon. Devant et sur les degrés taillés dans le rocher, se dressaient un grand nombre d'offrandes et de statues (dessin G. P. Stevens).

Les métopes

Le fait que ses 92 métopes (14 sur les petits côtés et 32 sur les longs) étaient ornées de reliefs est exceptionnel jusqu'à cette époque-là pour un temple grec. Sur chacun des côtés, nous avons un combat mythique, une lutte qui se déploie, si bien que, en dépit de leurs différences, les métopes sont reliées entre elles par le sens. Sur le côté Est, au-dessus de l'entrée du temple, est rendue la **Gigantomachie**, à l'Ouest **l'Amazonomachie**, au Nord, il y avait des scènes de la **prise de Troie**, tandis qu'au Sud se déploie la **Centauromachie**.

Toutes les métopes des façades Est et Ouest, ainsi que 12 des 32 métopes du côté Nord sont exposées au musée, mais elles sont très abîmées, les figures ayant été **martelées** consciemment. Ce geste est d'habitude attribué aux chrétiens qui, lors de la transformation du Parthénon en église tentèrent de faire disparaître les « idoles ». Une théorie récente attribue leur destruction aux Wisigoths d'Alaric qui envahirent Athènes en 396 apr. J.-C. Chrétiens néophytes et fanatiques, disciples d'Arius, ils détruisirent les métopes et les statues centrales du fronton Est. Les métopes du côté Sud, on ignore pourquoi, échappèrent au martelage. Celles du milieu furent détruites par l'explosion provoquée par Morosini en 1687, tandis que celles qui restent furent pillées par Lord Elgin en 1801-1803.

D'une manière générale, les combats mythiques sur les métopes des quatre côtés du temple ont été interprétés comme une **allégorie du combat des Grecs et**

71. La façade Est du Parthénon, où se trouvait l'entrée principale. La restauration de ce côté, achevée récemment, protégea le monument de dégâts antérieurs, compléta de petites parties manquantes et acheva le nettoyage des surfaces, améliorant de beaucoup son aspect extérieur.

71

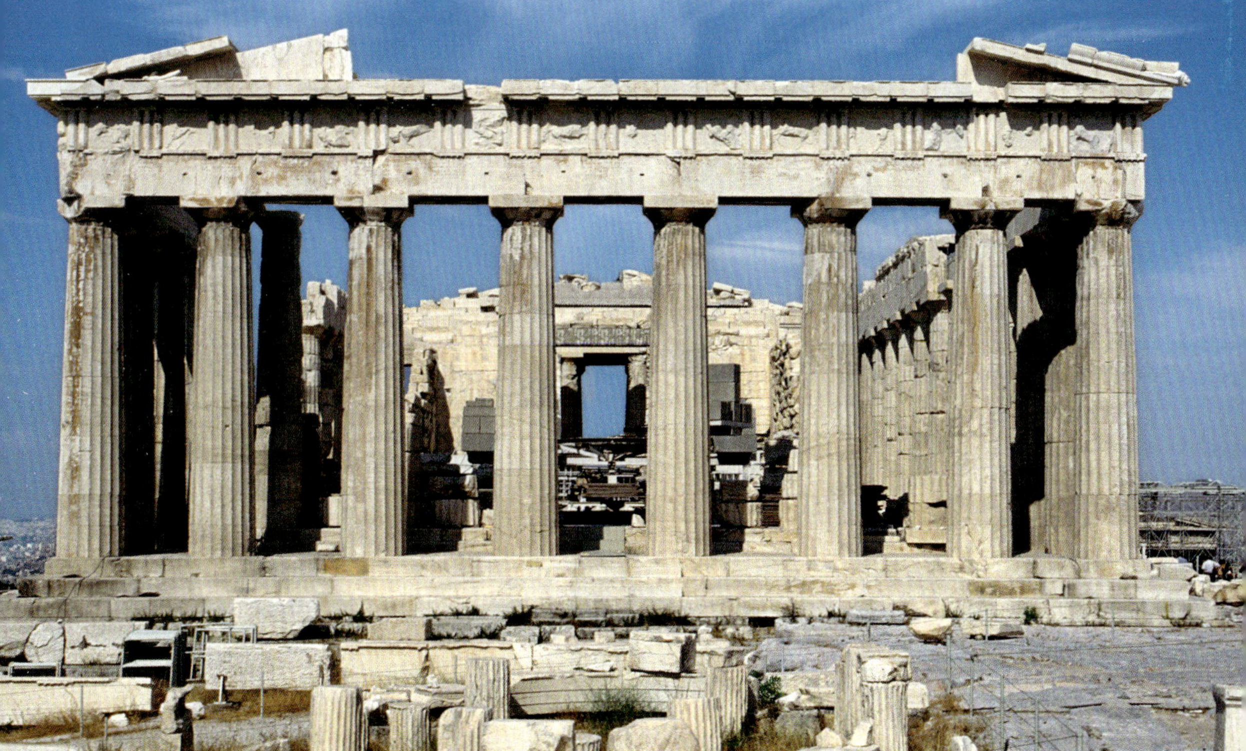

des Perses. Comme l'art antique n'aimait pas représenter des événements historiques, les anciens prenaient soin de les rendre symboliquement, avec des comparaisons mythiques et des allégories. Exactement comme dans les tragédies, la problématique des sujets de l'époque est exprimée à travers des histoires de héros du passé légendaire. C'est-à-dire que nous avons un parallélisme entre combats historiques et combats mythiques, donc un rapprochement de leur charge historique et de leur importance. La Gigantomachie, en particulier, symbolisait la consolidation de l'ordre universel, tandis que la Centauromachie faisait allusion à la punition de l'offense faite par les barbares. L'Amazonomachie du côté Ouest devait être un parallèle mythique de la bataille de Marathon et symbolisait la protection de la cité des envahisseurs étrangers. D'une manière générale, les adversaires représentés par paires sur les métopes sont d'un côté les barbares, les étrangers, les envahisseurs, les revendicateurs (Géants, Amazones, Centaures, Troyens) et de l'autre les dieux, les Grecs, les Athéniens, les hommes civilisés. On pourrait donc voir ici un symbolisme artistique de l'affrontement séculaire des puissances de la lumière et de la civilisation avec les puissances des ténèbres et de la barbarie.

72

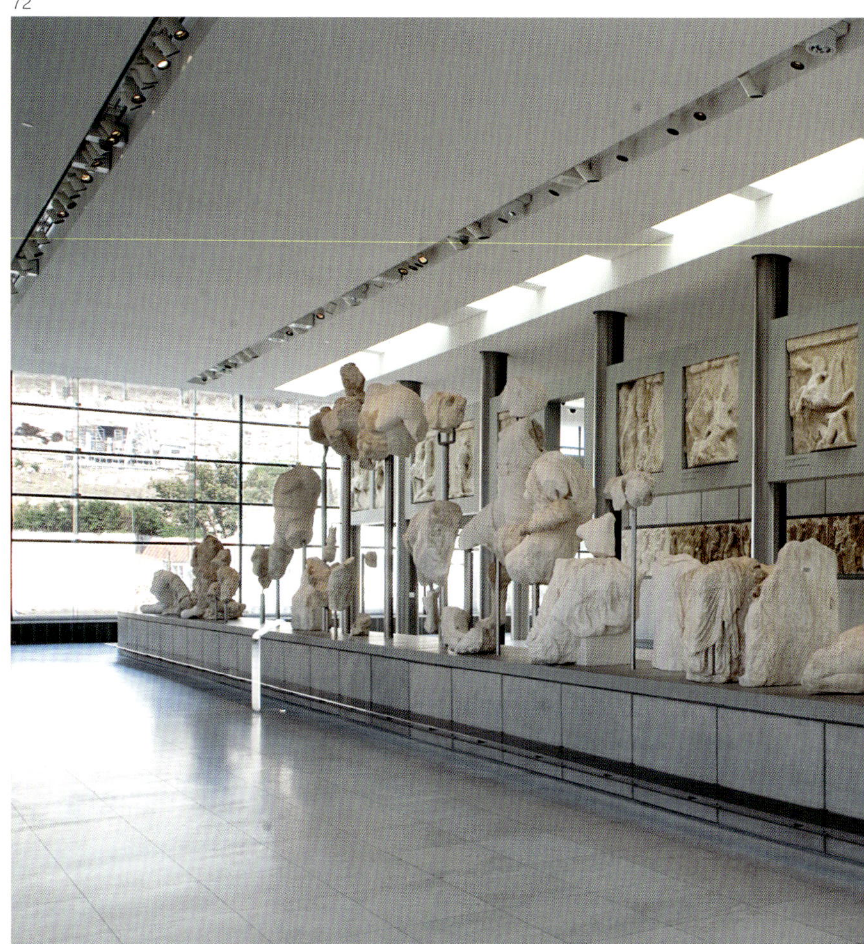

72. Le côté Ouest de la salle du Parthénon. Au premier plan, les œuvres originales qui se trouvent dans le musée avec les moulages de plâtre des sculptures du fronton qui sont au British Museum. En haut, les métopes avec l'Amazonomachie et, au fond, la frise Ouest et la frise Sud avec les préparatifs et le déploiement de la procession des Panathénées.

73. Métope du côté Sud du Parthénon (no 31) avec une scène de la Centauromachie. Seules les métopes de ce côté nous permettent d'apprécier la qualité de l'œuvre, celles des autres côtés ayant en effet été martelées. Londres, British Museum.

74. La dernière métope (no 32) du côté Nord, où était représentée la prise de Troie. C'est la seule intacte de ce côté, peut-être parce que la représentation d'Hébé debout (à gauche) devant Héra assise rappelait aux chrétiens fanatiques l'Annonciation à la Vierge.

73

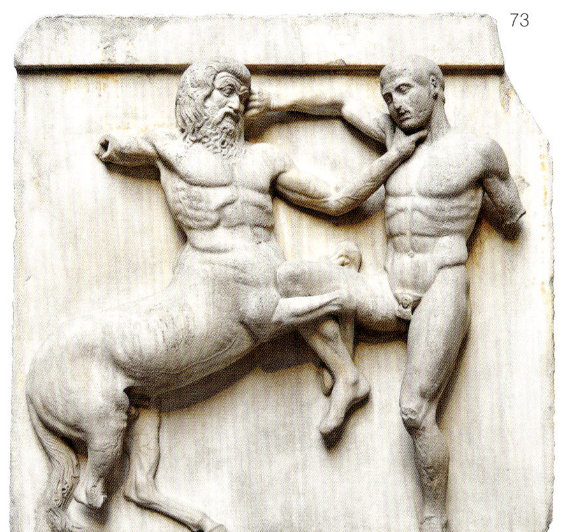

74

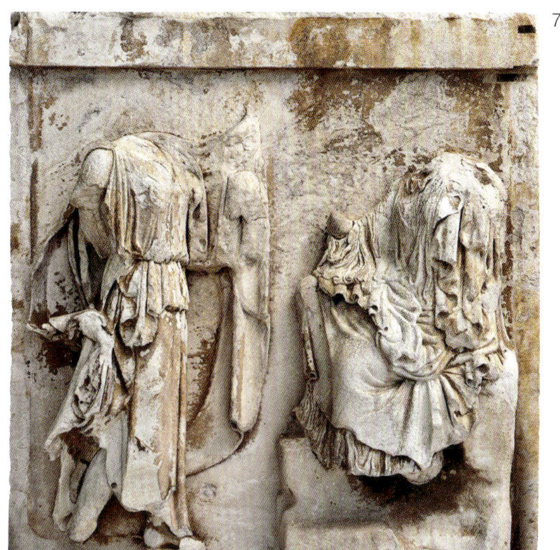

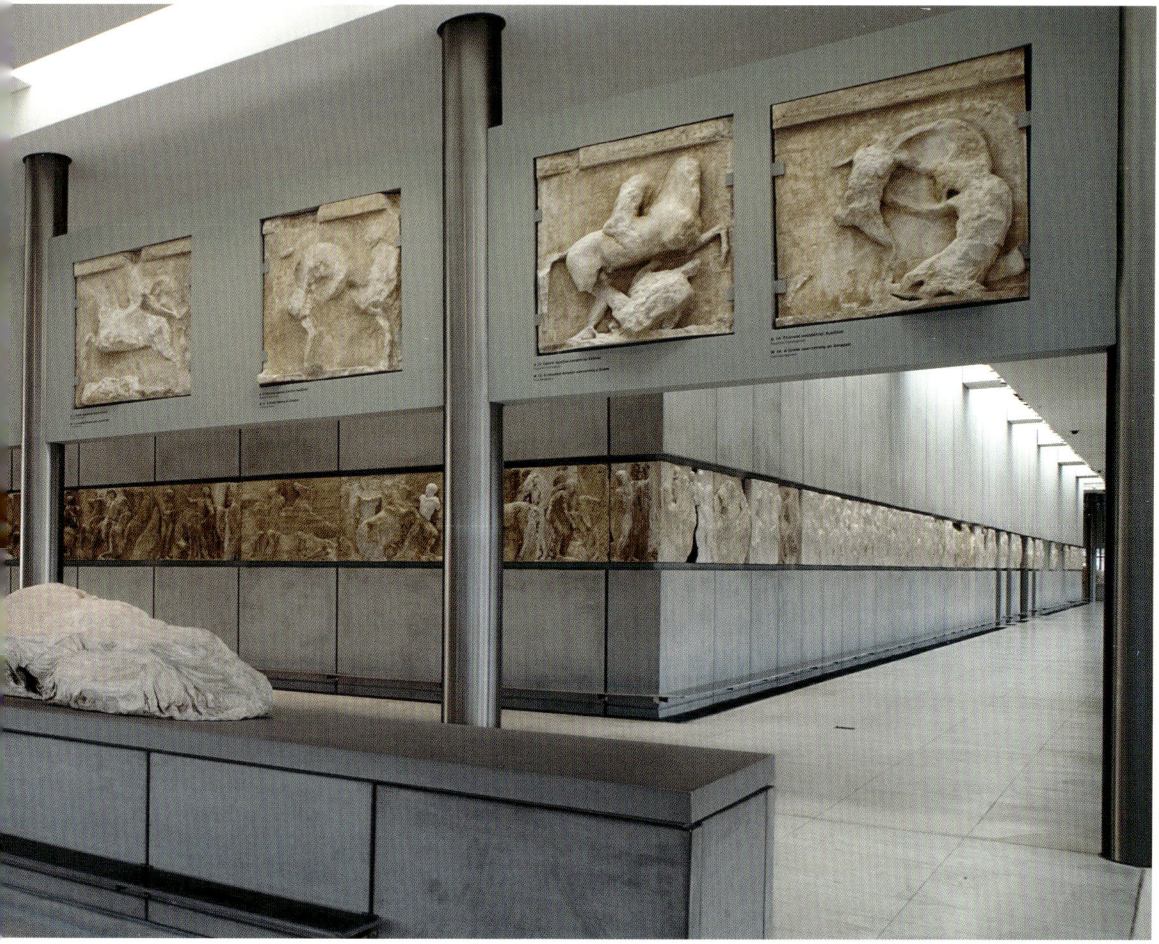

75. Le bloc XXXVI de la frise Nord. Quatre cavaliers en galop léger vers la gauche, avec les jambes des hommes et des chevaux qui se recouvrent en rythme.

76. Le bloc XXXIV de la frise Nord avec deux cavaliers, trois chevaux et un maître de cérémonies se retournant vers l'arrière. Le plus beau moment de la fête des Panathénées, la procession, est représenté sur la frise du Parthénon, hommes, animaux et dieux coexistant de manière équilibrée et harmonieuse.

La frise

La frise du Parthénon, d'une longueur totale de 160 m et d'environ 1 m de haut, constituée de 115 blocs, se distingue par son thème du reste du décor sculpté. Y est représenté un événement réel, la **procession des Panathénées**, la plus grande fête de la cité, qui avait lieu tous les quatre ans en l'honneur d'Athéna, la déesse tutélaire de la cité. Il s'agit d'une fête très ancienne, réorganisée en 566/5 av. J.-C. et, en dehors de son caractère cultuel, elle permettait d'incorporer dans l'État athénien tous les citoyens d'Attique. À la procession des Panathénées, qui partait du Céramique et aboutissait à l'autel d'Athéna sur l'Acropole, prenait part l'ensemble du peuple d'Athènes, hommes, femmes et enfants. Tous suivaient les prêtres et les dirigeants accompagnant le nouveau péplos orné de scènes de la Gigantomachie, qui allait revêtir la vieille statue de culte de la déesse Athéna Polias, dans l'Érechthéion. Le renouvellement du péplos, tous les quatre ans, était une pratique cultuelle aux origines magiques, à travers lesquelles les anciens croyaient qu'ils se ressourçaient et donnaient de nouvelles forces à leur cité.

La frise montre trois stades de la procession, dans une représentation non pas réelle, mais idéale. À cette fin ont été mobilisés 378 figures humaines et plus de 220 animaux, surtout des chevaux. Du **côté Ouest**, c'est la préparation et la formation de la procession (fig. 77-78), qui, selon une proposition de lecture, comprend la *dokimasia*, c'est-à-dire le contrôle officiel du dignitaire de la cavalerie, mentionné par Aristote dans la *République d'Athènes*.

Au début de la procession sont figurés 26 cavaliers, des chevaux et des

75

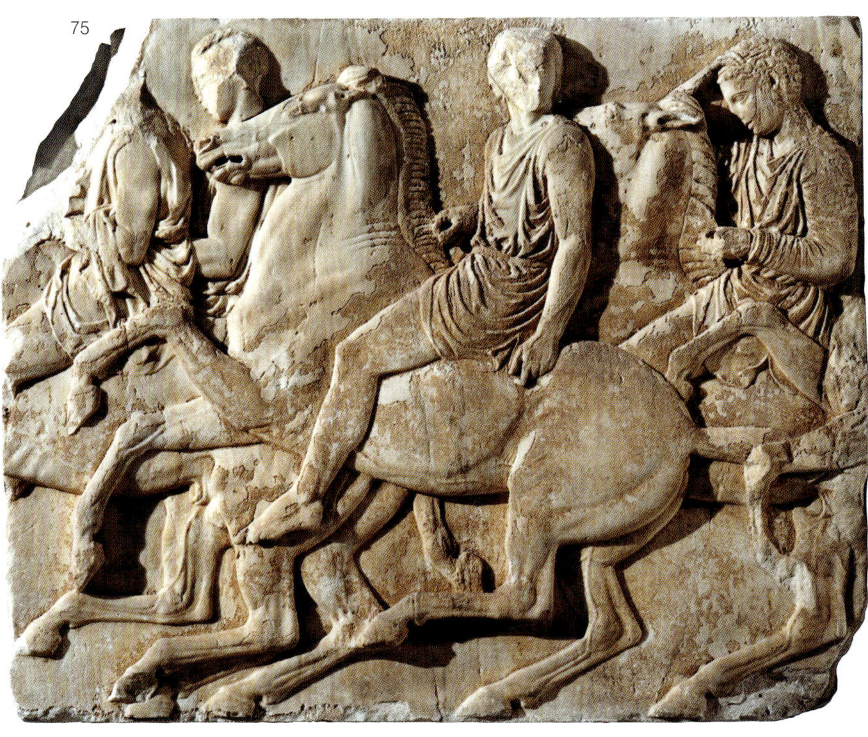

fantassins dans divers postures et mouvements, ainsi que des instantanés comme des conversations, des caresses aux chevaux, etc., qui montrent l'atmosphère de la préparation. La scène la plus frappante est au milieu, où un cavalier s'appuyant de toutes ses forces sur un rocher, essaie de retenir son cheval qui s'est emballé (fig. 78).

Sur les deux longs côtés **Nord** et **Sud**, nous avons le déploiement complet de la procession avec les cavaliers et les chars, qui occupent 70 % de la longueur de la frise (fig. 75-76, 79-81, 88).

Les cavaliers et les chars du côté Nord se dirigent vers la gauche, tandis que ceux du côté Sud, qui présente le plus de lacunes en raison de l'explosion de Morosini, avancent vers la droite. L'organisation des scènes est la même sur les deux côtés et presque en miroir : les représentations commencent avec une procession de 60 cavaliers, dans une grande variété de compositions et de mouvements. À peu près au milieu, apparaissent les scènes avec une des compétitions les plus prisées des Panathénées, la course d'apobates (voltige), une course de chars qui se faisait sur l'Agora. Les apobates (il y en a 11 au Nord et 10 au Sud), armés d'un casque et d'un bouclier, sautaient du char en train de rouler, conduit par un cocher, et remontaient dedans. Il s'agit d'un concours purement local, caractéristique de l'identité athénienne, et donc bien mis en avant dans la frise du Parthénon.

De temps en temps, la procession était interrompue par des figures masculines vêtues, les maîtres de cérémonie (télétarches), debout en sens inverse des autres et qui, par des gestes de la main, règlent le rythme de la procession (fig. 76).

77. Le bloc IX de la frise Ouest avec un des cavaliers qui commence à galoper.

78. Fragment du bloc VIII de la frise Ouest. Un cavalier, peut-être un dignitaire (hipparque) essaie de retenir son cheval qui s'est emballé. La tête sur l'original est détruite, mais nous en avons gardé la forme grâce à un moulage de plâtre fait au XIXe s. pour Lord Elgin, qui se trouve au British Museum.

76

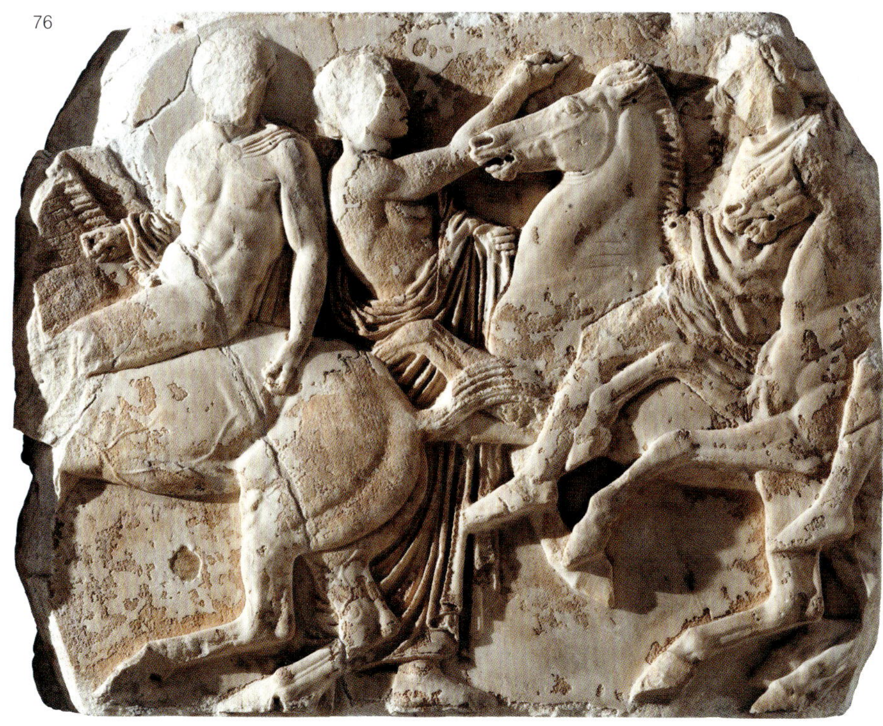

77

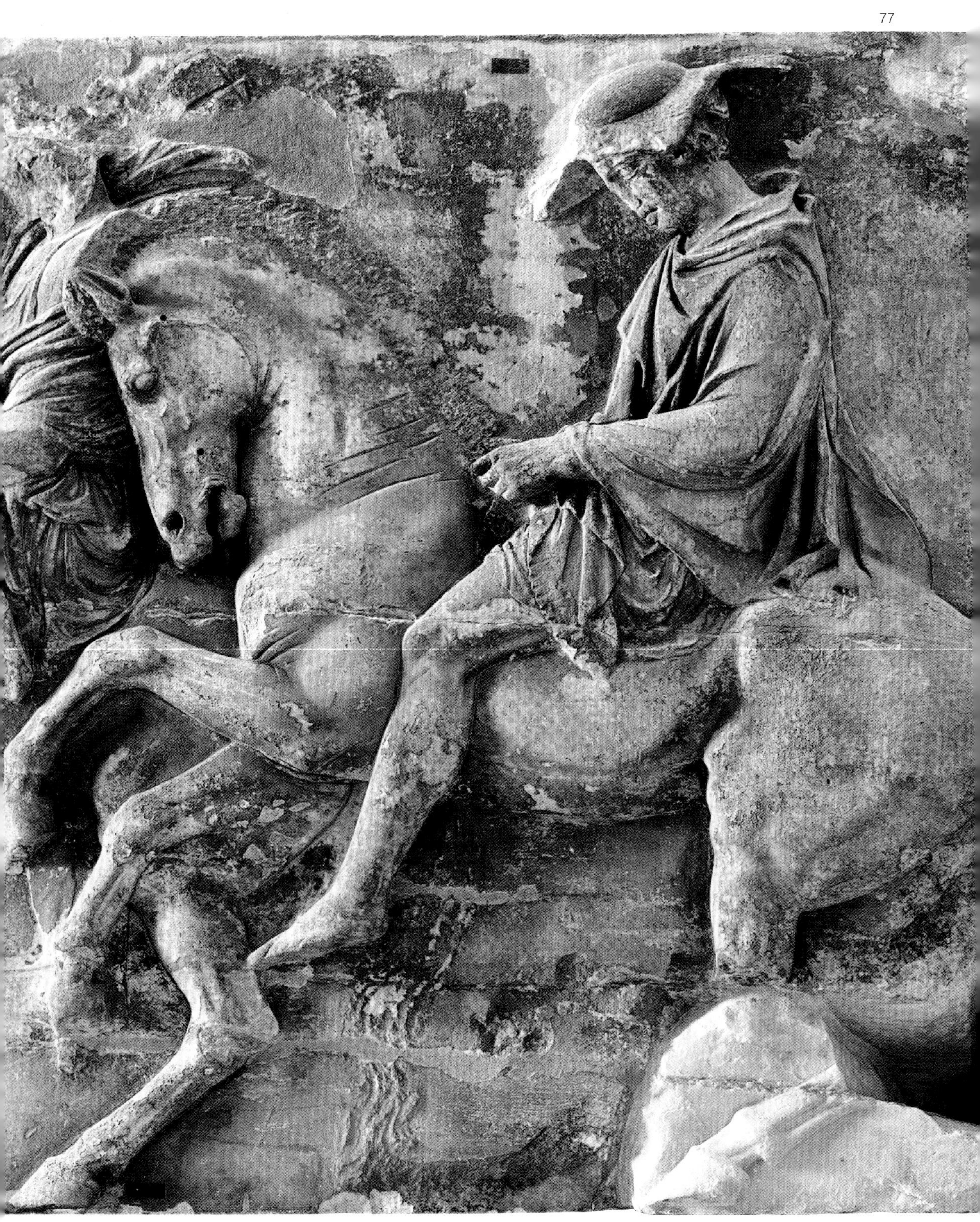

78

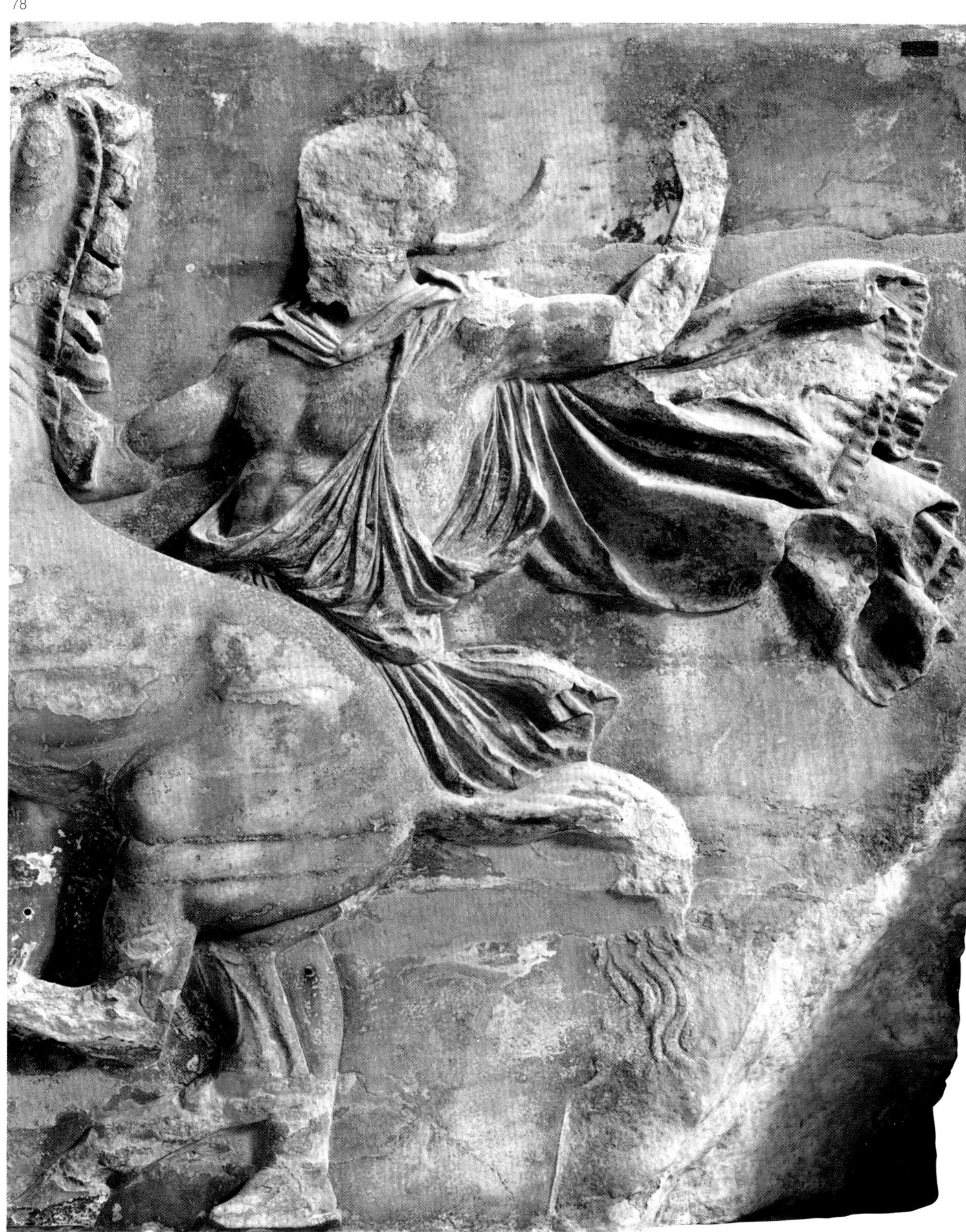

79

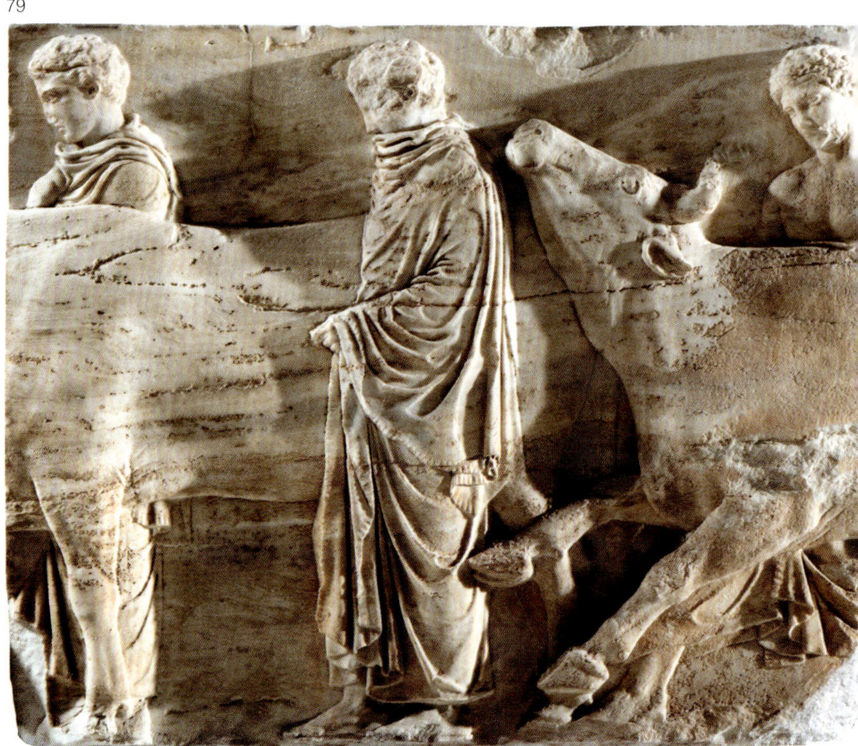

80

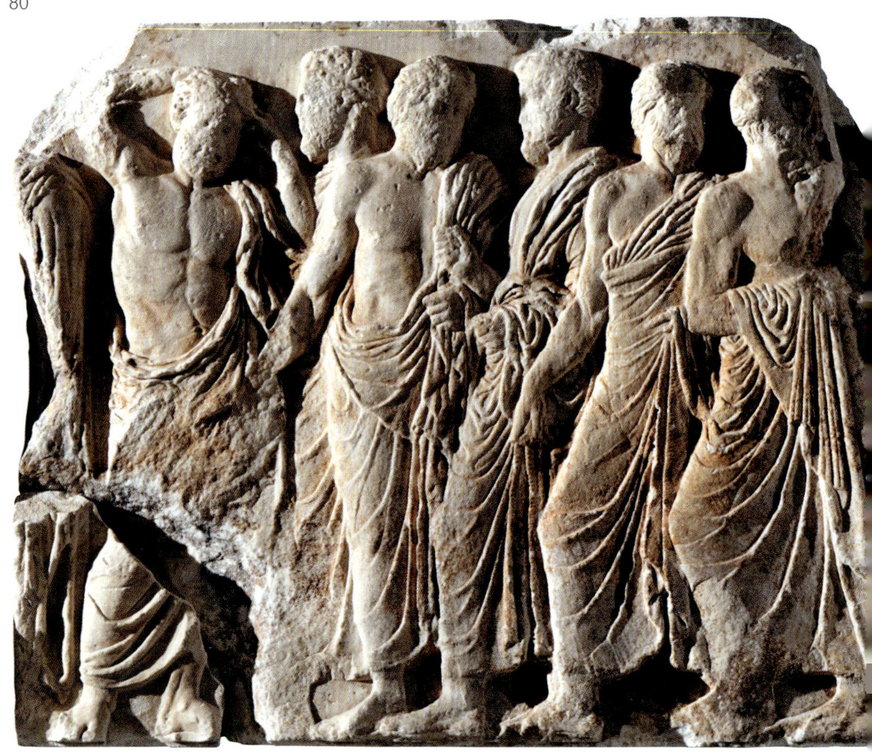

79. Le bloc II de la frise Nord avec trois jeunes gens conduisant deux des bœufs du sacrifice. Le deuxième est récalcitrant et la tête levée mugit.

80. Le bloc X de la frise Nord avec six porteurs de rameaux (thallophores), des hommes mûrs qui sont interprétés comme des vieillards ou des dignitaires.

81. Le bloc VI de la frise Nord avec les porteurs d'hydries. Les trois premiers ont déjà les hydries sur l'épaule, tandis que le quatrième s'apprête à soulever le vase qui est à terre.

Sur les deux longs côtés de la frise, après la tension de la course de chars et plus on s'approche du côté Est, ce sont les instants les plus calmes et les plus humains de la procession. Juste après les chars, s'avance un groupe d'hommes d'âge mûr (16 du côté Nord, on ignore le nombre au Sud), mentionnés comme des porteurs de rameaux d'oliviers (thallophores, fig. 80). Ils discutent ou se retournent vers l'arrière et sont d'habitude considérés comme des dignitaires de la cité, surtout des hiéropes ou des athlothètes lesquels avaient la responsabilité de l'organisation et de la préparation de toutes les manifestations de la fête des Panathénées.

La présence très marquée des animaux sur la frise du Parthénon offre un intérêt tout particulier, qu'il s'agisse des magnifiques chevaux des cavaliers et des chars, ou bien des bœufs et des béliers pour le sacrifice.

Cela montre d'abord le rôle des animaux dans les sociétés anciennes d'agriculteurs-éleveurs, mais aussi l'importance qu'on leur accordait, dans l'Antiquité, dans les cérémonies et le culte. Cependant, dans l'expression artistique de la frise, et surtout sur les trois côtés (Ouest, Nord et Sud), les animaux sont sur un pied d'égalité avec les hommes, aussi bien par leur nombre que comme composante des messages que le gouvernement athénien souhaitait faire passer.

Les relations entre les hommes et les animaux sont caractéristiques aussi. Parallèlement aux mouvements et aux actes de domination et de soumission, exprimés en particulier par les animaux récalcitrants, relativement nombreuses sont les expressions de tendresse qui sont rendues par des gestes et des caresses de cavaliers à leurs chevaux, mais aussi aux animaux du sacrifice.

81

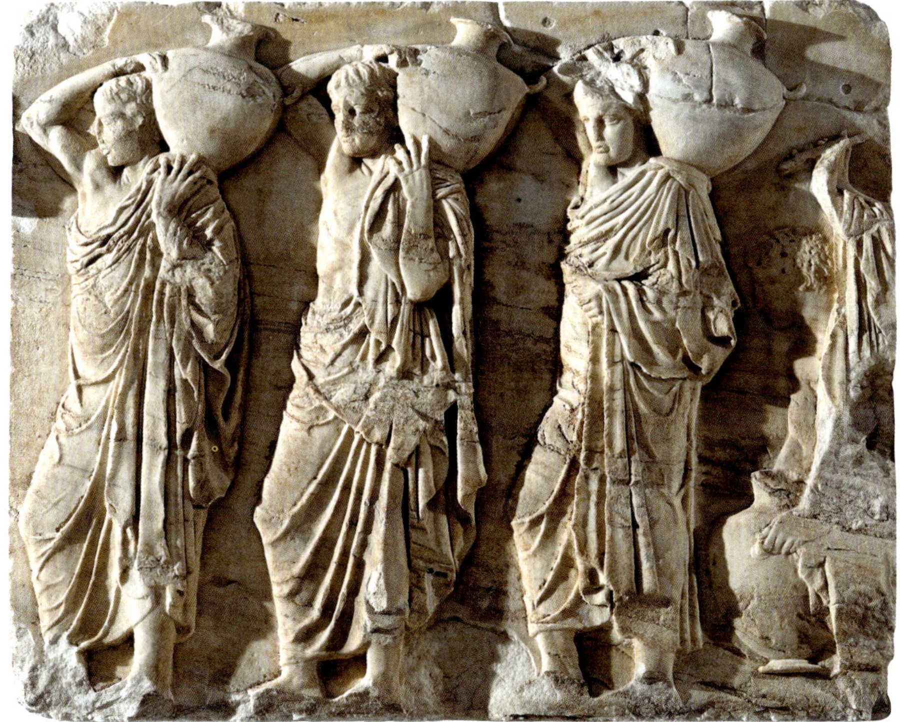

82

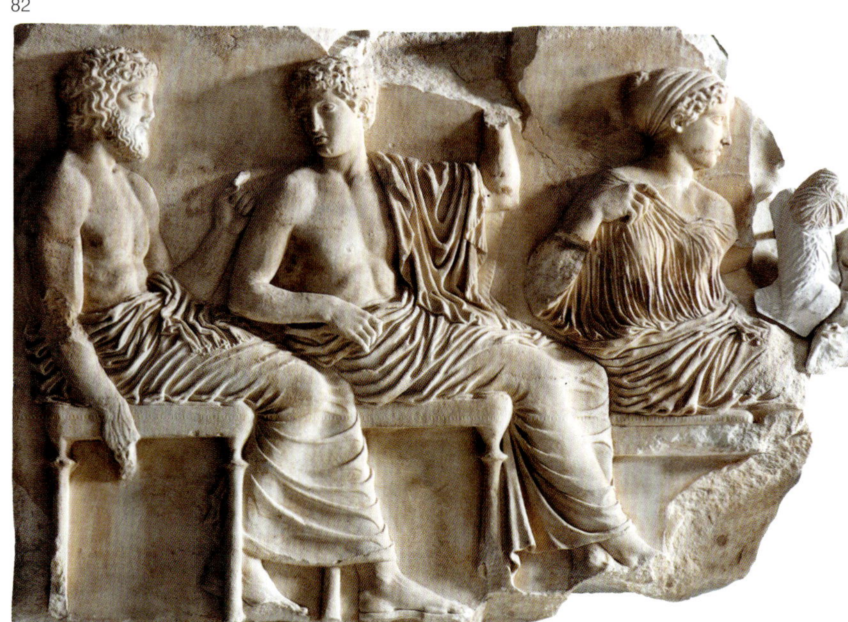

82. Fragment du bloc VI de la frise Est, l'un des mieux conservés. Trois dieux, Poséidon, Apollon et Artémis, se distinguent grâce à leurs attributs aujourd'hui perdus. Poséidon tenait un trident, Apollon une branche de laurier et Artémis un arc. Londres, British Museum.

Éléments indispensable de la procession, les musiciens, surtout les joueurs de cithare et les aulètes (joueurs d'un instrument à vent, l'*aulos*), donnaient le rythme à la procession, mais devaient aussi accompagner en musique le sacrifice. Ce dernier n'est pas représenté. Il est sous-entendu par la présence des animaux de sacrifice, au total 14 bœufs et 4 béliers des deux côtés (fig. 79). À côté du sacrifice, il y a l'eau que transportent dans des hydries quatre jeunes gens hydriophores (fig. 81), ainsi que les autres offrandes à la déesse dans de grands plateaux que portaient sur les épaules les skaphéphores, peut-être des métèques.

Sur les deux longs côtés comme sur l'ensemble de la frise, nous avons aussi

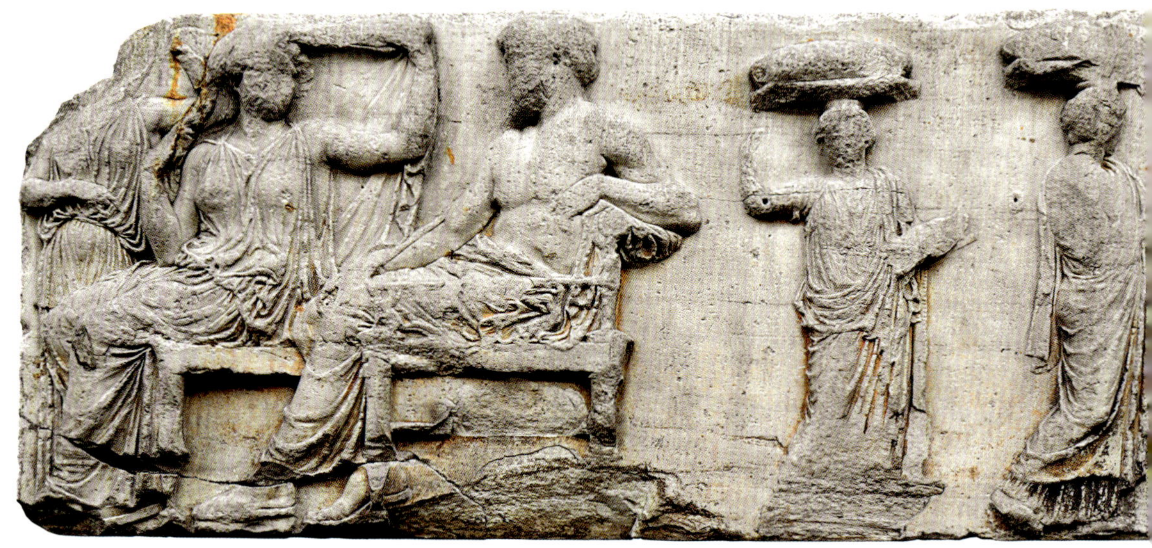

l'occasion d'admirer les visages des personnages, qu'il s'agisse d'hommes mûrs barbus ou de jeunes gens imberbes. La plupart d'entre eux sont vus de profil, un assez grand nombre sous des angles divers, et même de trois quarts, mais aucun d'eux n'est représenté de face regardant le spectateur (fig. 79-81). Ils sont calmes, pleins de noblesse et ne sont pas altérés par la violence des mouvements. Tous paraissent appliqués à ce qu'ils font, mais en même temps des regards se croisent, découvrant une certaine intériorité, au sens propre et au sens figuré. Comme s'ils se trouvaient dans une situation idéale, fixés dans la pierre dans un des plus grands moments de l'histoire de l'art.

Du **côté Est**, la procession se poursuit depuis les deux extrémités avec les dix héros éponymes des tribus athéniennes et deux groupes de femmes portant des récipients rituels. La rencontre symbolique des deux branches de la procession se fait au-dessus de la porte du temple, au moment crucial de toute la fête : la **remise du nouveau péplos d'Athéna**. Le chef religieux de la cité, l'archonte-roi et un enfant viennent de plier le tissu du péplos, ce qui indique la fin de la procession et le début des manifestations cultuelles sur le rocher sacré. À côté, deux jeunes filles, peut-être les Arrhéphores, transportent sur leurs têtes des sièges que va recevoir la prêtresse d'Athéna (fig. 83).

Cette procédure se fait devant les dieux de l'Olympe qui, divisés en deux groupes, semblent insouciants et en train de discuter. Ils sont représentés assis sur des tabourets, à l'exception de Zeus qui est sur un trône, le dos tourné à la procession, ce qui veut peut-être dire que les dieux sont assis en demi-cercle ou qu'ils sont invisibles pour les mortels. À gauche, nous voyons Hermès, Dionysos, Déméter, Arès, Héra (avec la petite Iris ou Hébé) et Zeus. À droite, Athéna, Héphaistos, Poséidon en train de parler avec Apollon, Artémis qui a la main posée sur Aphrodite, et le petit Éros. Ainsi, les dieux les plus proches assistant à la cérémonie sont Zeus et Athéna, couple qui occupe aussi une place centrale sur le fronton Est (fig. 82-86).

83. Le bloc V de la frise Est. Au centre, est représenté sobrement l'instant le plus sacré de la fête, la remise du nouveau péplos à Athéna. Un homme mûr (vraisemblablement le responsable des questions religieuses, l'archonte-roi) plie le péplos avec l'aide d'un enfant. À côté, une prêtresse reçoit d'une petite fille, un siège, scène difficile à interpréter. Dans la partie gauche, deux des douze dieux assis, et Zeus et Héra qui ont devant eux Iris debout. À droite, Athéna et Héphaistos. Sur cette représentation, on remarque l'application de l'isocéphalie, c'est-à-dire la manière avec laquelle les anciens distinguaient les dieux des mortels dans la même représentation. S'ils ne pouvaient pas les figurer plus grands, ils rendaient, comme ici où ils sont assis, leur têtes à la même hauteur que celles des mortels debout. Londres, British Museum.

83

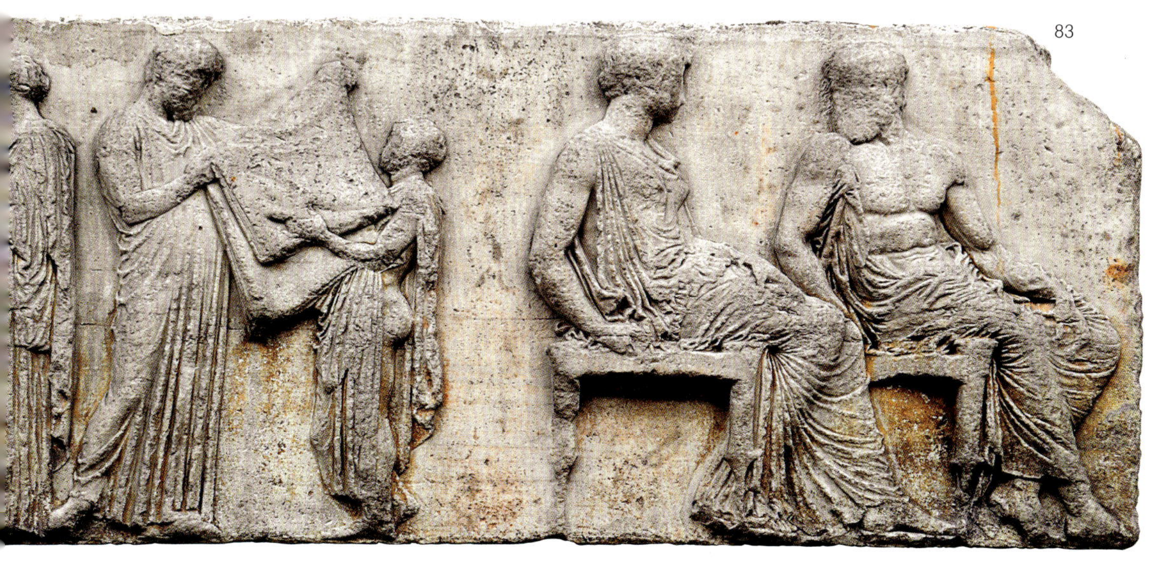

84

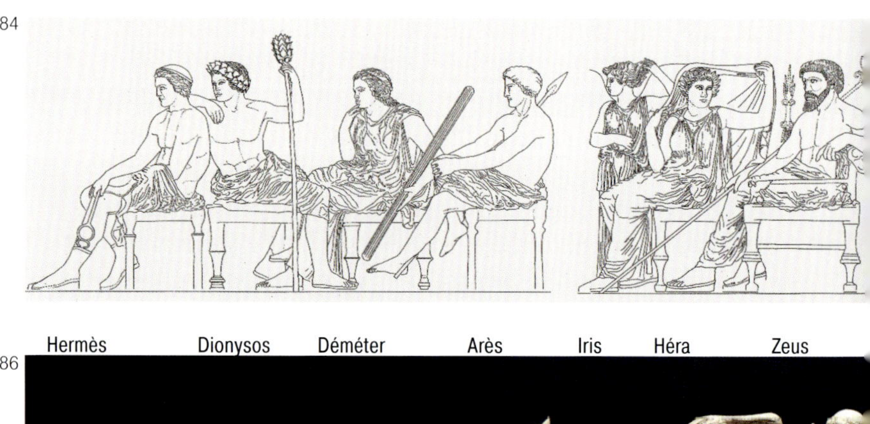

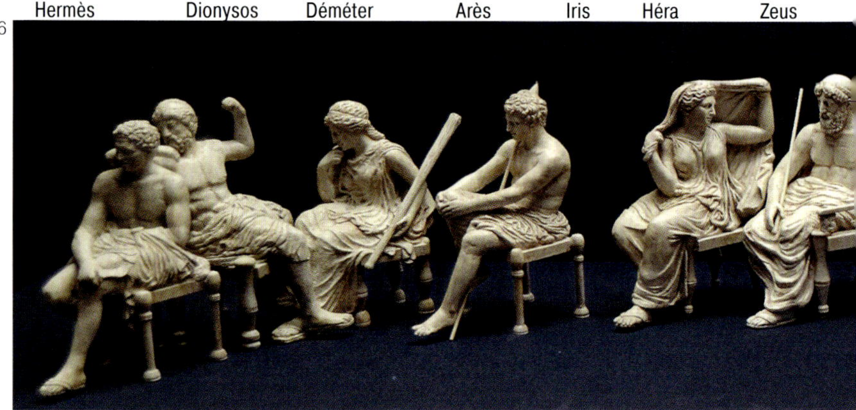

86

Frise et Panathınıes

C'est la première fois dans l'histoire de l'architecture qu'une frise ionique est placée à l'intérieur d'un temple dorique. Il en fut décidé ainsi parce que cette manifestation constituait, pour le gouvernement d'Athènes, l'expression la plus complète de sa vie religieuse, politique, sociale et intellectuelle. Et dans un édifice qui était destiné à servir la **propagande politique athénienne**, l'éclat de la fête panathénaïque ne pouvait manquer. Donc, comme il n'y avait pas d'autre endroit dans le monument pour représenter la procession, on choisit de dépasser des conceptions architecturales établies et de placer la frise, qui représentait des mortels de surcroît, à cet endroit précis. La foi dans les réussites du régime conduisit non seulement à dépasser la tradition architecturale, mais à bouleverser l'iconographie traditionnelle des rapports entre dieux et mortels.

La procession des Panathénées doit être comprise comme quelque chose entre **processions et défilés** actuels, puisqu'elle avait des traits aussi bien religieux et rituels que politiques, militaires et « nationaux ». Dans les manifestations religieuses, il y avait le cadre de la fête, la hiérarchisation des participants, le transport des ustensiles sacrés et des offrandes, la remise du nouveau péplos à la déesse. L'aspect politique et militaire, c'était le contrôle et la présentation des escadrons de la cavalerie athénienne, avec des cavaliers comptant parmi les classes les plus élevées des citoyens. L'audace et la bravoure étaient illustrées dans la compétition exclusivement athénienne de la course d'apobates (voltige) où des jeunes gens armés, pleins de courage, montaient et

85

Athéna Héphaistos Poséidon Apollon Artémis Aphrodite Éros

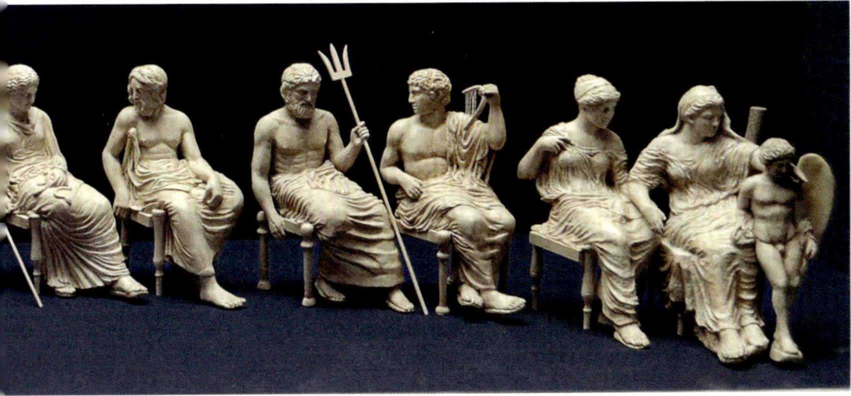

descendaient d'un char en train de rouler, conduit par un cocher. Et puis, le défilé des « jeunes magnifiques », des éphèbes et des jeunes filles, avec des offrandes dans les mains, était émouvant. Tout cela aiguisait la fierté des parents et des concitoyens, constituait un moyen de renforcer l'identité politique et « nationale » des Athéniens, mais en même temps, montrait à tous, alliés et ennemis, la puissance d'Athènes. Les Panathénées étaient une fête en l'honneur de la déesse, mais aussi la démonstration spectaculaire de la grandeur et de la force du régime.

Frise et art

Du point de vue artistique, la frise est une œuvre incomparable : le départ de la procession, du côté Ouest, se fait par de petits mouvements contrôlés ; ensuite, c'est le déploiement total, sur les longs côtés, de l'action à son apogée, incarnée par la cavalerie et les chars. Enfin, le tout aboutit à la sérénité divine de la façade Est, insinuant peut-être que la procession se trouvait déjà dans le sanctuaire de l'Acropole. Mais sur chacun des côtés, la perfection dans la représentation des personnages, poussée jusque dans les moindres détails, la variété et l'alternance des sujets (fantassins, cavaliers, chars, animaux), les différentes manières avec lesquelles sont rendus des personnages similaires, les rapprochements cachés dans des mouvements raccourcis et des gestes silencieux, la diversité des galops des chevaux, l'admirable recouvrement de multiples figures dans le champ peu profond du relief, tous ces artifices artistiques non seulement évitent le danger de la répétition et de la monotonie, mais ils ont du rythme, ils créent une vague

84-85. Reconstitution graphique des blocs IV, V et VI de la frise Est, avec les deux groupes de dieux de part et d'autre de la scène de la remise du péplos. Les représentations de la frise relient le monde des hommes et le monde des dieux, et elles ont en même temps un contenu religieux et politique (dessin M. Korrès).

86. Représentation en trois dimensions des deux groupes de dieux de la frise Est en demi-cercle. L'image des dieux, le dos tourné vers les mortels, veut probablement montrer que les dieux sont isolés et invisibles pour eux (Parthenon Frieze 3-D Models Project, Rui Nakamura).

perpétuelle, un flux musical avec des crescendos et des decrescendos qui, dans une liberté contrôlée, parcourt toute la représentation, d'une extrémité à l'autre. On perçoit ici un équilibre idéal d'organisation et de grâce, une association harmonieuse de la loi et de l'ordre avec la diversité et la beauté de la vie.

Frise et politique
Une grande œuvre reçoit d'habitude des interprétations nombreuses et diverses, et ici d'autant plus que nous avons une frise parmi les plus chargées en symbolismes et en sens de l'histoire de la culture. Dès 1753, des voyageurs européens se piquant d'archéologie, Stuart et Revett, avaient interprété la représentation de la frise comme une illustration de la procession des Panathénées. Depuis lors et périodiquement, de nombreuses tentatives sont venues compléter et découvrir d'autres paramètres dans cette interprétation. L'une des approches les plus pénétrantes croit que, sur le long côté Sud de la frise, les groupes de cavaliers sont organisés par dizaines, tandis qu'au Nord ils le sont par quatre ou par douze. Cela conduisit à l'hypothèse que, sur la frise, nous avons une double représentation de la composition sociale et de l'organisation du régime athénien : du côté où se trouvent les groupes de quatre ou de douze, c'est la vieille organisation du peuple athénien dans les quatre tribus de Solon ou dans les douze phratries d'avant Clisthène, tandis que de l'autre côté, avec les dizaines, nous avons la nouvelle organisation de l'État athénien avec les 10 tribus de Clisthène, c'est-à-dire l'organisation démocratique de la cité. On aurait donc ici, en même temps, le passé et le présent d'Athènes, l'origine, mais aussi la continuité du régime démocratique, dans une tentative de conciliation et d'apaisement des passions politiques, c'est-à-dire **un hymne à la démocratie athénienne**.

Des recherches récentes ajoutent une autre dimension. Comme sur la frise nous avons visiblement une idéalisation et non le rendu d'une procession réelle, d'autres facettes de cette fête sont passées sous silence, comme le défilé des soldats en armes et les alliés, tandis que d'autres sont accentuées, par exemple la présence de

87

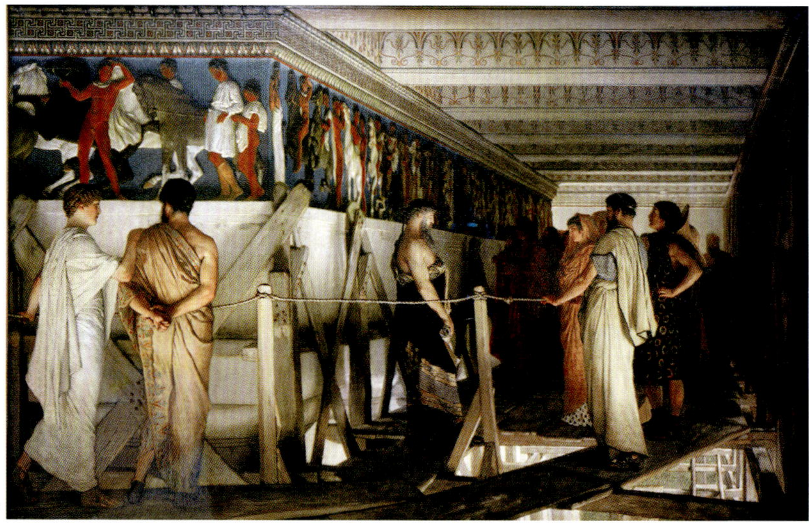

la cavalerie, qui occupe 46 % du bandeau. De même, il ne semble pas y avoir dans la représentation d'unité de lieu et de temps, puisque sont figurées des manifestations, comme les concours de voltige, qui avaient lieu un autre jour. À partir de ces données, on avance que la frise, à l'exception du côté Est, n'est pas seulement la procession panathénaïque, mais un savant mélange de manifestations cultuelles de toutes les fêtes de la cité, donc l'expression de la piété du peuple athénien envers tous ses dieux, qui y assistent, rassemblés au milieu du côté Est. En montrant tous les dieux qui assistent à la fête, non seulement on insérait Athènes et ses habitants dans la sphère supérieure, mais on accentuait leur présence perpétuelle dans la cité qui se trouvait ainsi sous leur protection.

Quoi qu'il en soit, indépendamment des différents essais d'interprétation, il ne fait aucun doute que la frise constitue le **monument par excellence des réussites d'Athènes**, un hymne aux idéaux et aux œuvres du régime athénien. Il s'agit de l'expression unique de l'identité religieuse, politique et sociale de la cité.

Les couleurs des monuments

L'image de l'aspect original du Parthénon, mais aussi de toutes les œuvres de l'architecture grecque antique, serait incomplète sans la restitution des couleurs. La partie supérieure des temples au-dessus de l'architrave était polychrome, dans une tentative d'accentuer et de mettre en valeur l'architecture, mais aussi les éléments sculptés. Les triglyphes étaient bleus, le fond des métopes bleu ou rouge, bleu aussi le fond du fronton et de la frise.

Les figures humaines et les animaux, il faut les imaginer polychromes. Les chairs des hommes étaient marron clair, celles des femmes laissées blanches. En revanche, ces dernières avaient toute une variété de couleurs sur leurs vêtements, donnant ainsi la polychromie la plus éclatante aux représentations.

87. Tableau du peintre hollando-britannique L. Alma Tadema (1868) représentant une scène imaginaire qui a pourtant très bien pu se produire : Périclès et Aspasia visitent le chantier du Parthénon où Phidias leur montre la frise tout juste terminée. Birmingham, Museum and Art Gallery.

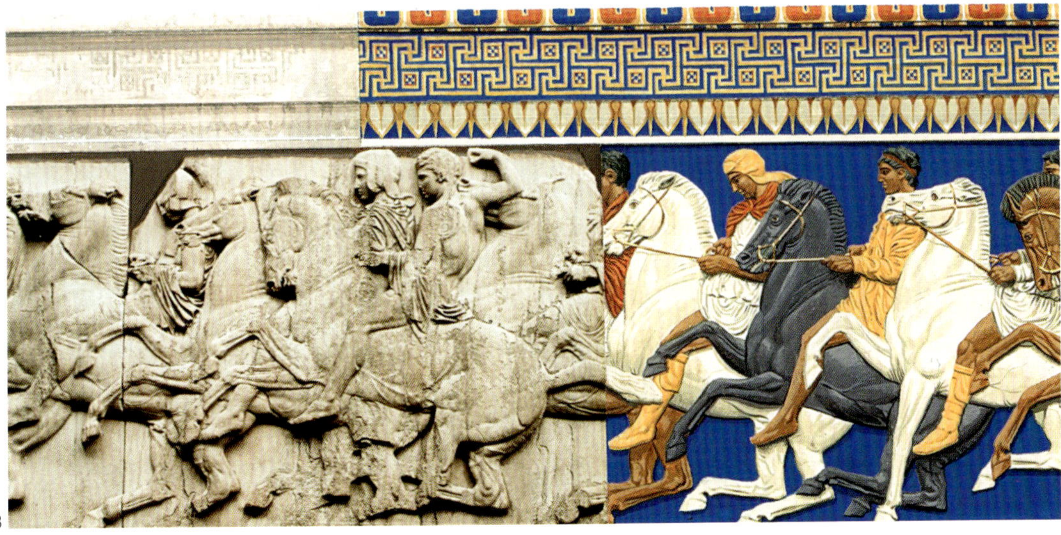

88

88. Partie de la frise Nord avec des cavaliers, telle qu'elle est conservée (à gauche) et dans un essai de rendu des couleurs (à droite). Le fond de la frise était bleu, tandis que les animaux et les vêtements des cavaliers variaient, donnant ainsi au blanc du marbre vivacité et expression naturelle (dessin P. Connolly).

89-90. Reconstitution des deux frontons du Parthénon, œuvre du sculpteur K. Schwerzek, vers 1900. Bien que vieillis et présentant des différences par rapport à la recherche actuelle, ils rendent d'une manière extraordinaire la grandeur et la plénitude des compositions tympanales.

Les frontons

Les compositions tympanales du temple, nous pouvons d'abord en avoir une idée avec les reconstitutions de petite taille, exposées dans le vestibule bien éclairé du troisième étage, et ensuite voir les œuvres originales conservées à l'état fragmentaire. Dans le même vestibule ont été placées une maquette en trois dimensions du Parthénon, ainsi que des stèles inscrites avec des comptes d'épistates (contremaîtres) concernant la construction du temple et des dépenses engagées pour la fabrication de la statue chryséléphantine, avec des décrets honorifiques, etc.

Aux frontons du temple, les 48 statues en ronde-bosse ont été sculptées en 437-432 av. J.-C. Il s'agit de représentations mythiques, en relation avec la grande déesse vénérée dans le temple. Au fronton Est, du côté de l'entrée, était figurée la **naissance miraculeuse d'Athéna,** de la tête de son père, Zeus (fig. 89, 95). Le sujet nous est connu par des descriptions antiques, mais les postures précises des personnages, nous les ignorons, puisque ceux-ci ont été perdus, probablement dans les premiers siècles de l'époque byzantine. Parmi les nombreuses

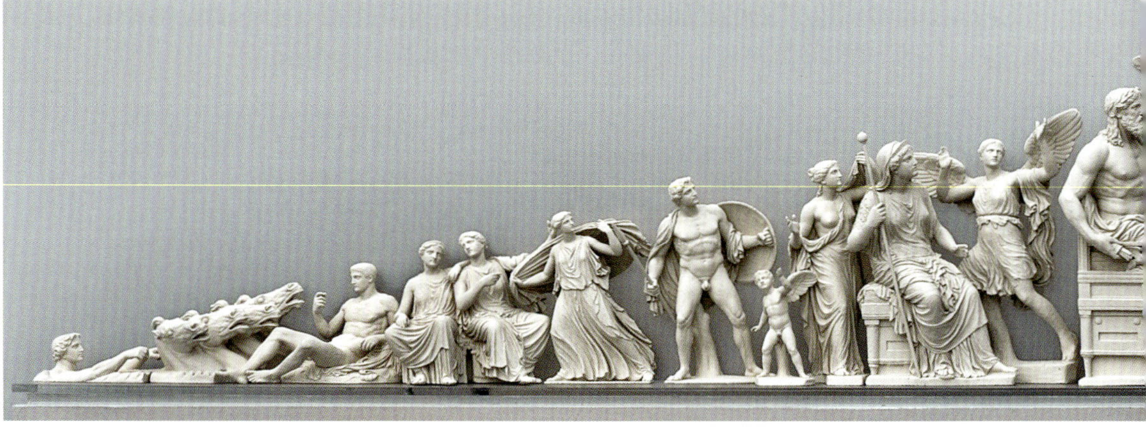

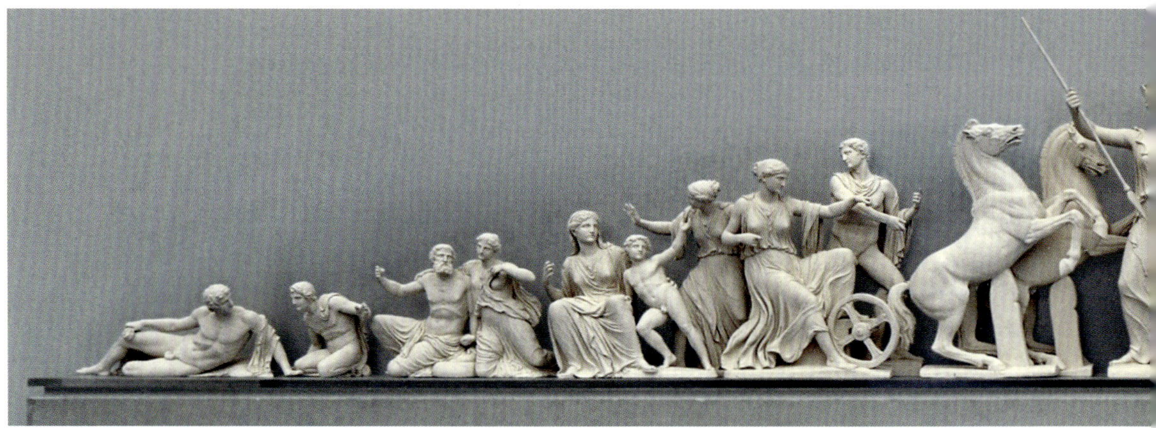

propositions de reconstitution, il semble plus probable que nous ayons ici, au lieu de l'instant de la naissance, une sorte d'« épiphanie » des grands dieux, puisque Athéna apparaît déjà très grande et en armes, aussi grande que son père probablement assis sur un trône, avec une petite Niké entre leurs têtes. De part et d'autre des deux divinités, les autres dieux sont répartis en deux groupes : ceux qui sont les plus proches ont compris ce qui se passe et regardent stupéfaits le miracle de la naissance. Les autres ne sont pas encore au courant de l'événement et restent isolés et insouciants, en train de discuter. Il ne fait pas de doute qu'à côté de Zeus il faille placer Héra avec Iris, et à côté d'Athéna, Héphaistos qui, d'après le mythe, ouvrit le crâne de Zeus avec une hache. Ensuite, il devait y avoir, debout ou assis, les autres dieux (à droite : Poséidon, Apollon, Artémis, Hermès, à gauche : Aphrodite, Arès, Déméter, Perséphone et Dionysos) dans une grande variété de places proposées par les chercheurs. Enfin, aux deux angles sont figurés, à gauche Hélios (le Soleil) s'élevant avec son quadrige et à droite Séléné (la Lune) qui plonge son propre char dans la mer ; l'événement est ainsi fixé dans le temps, mais aussi inséré dans les règles cosmologiques de l'harmonie universelle.

89

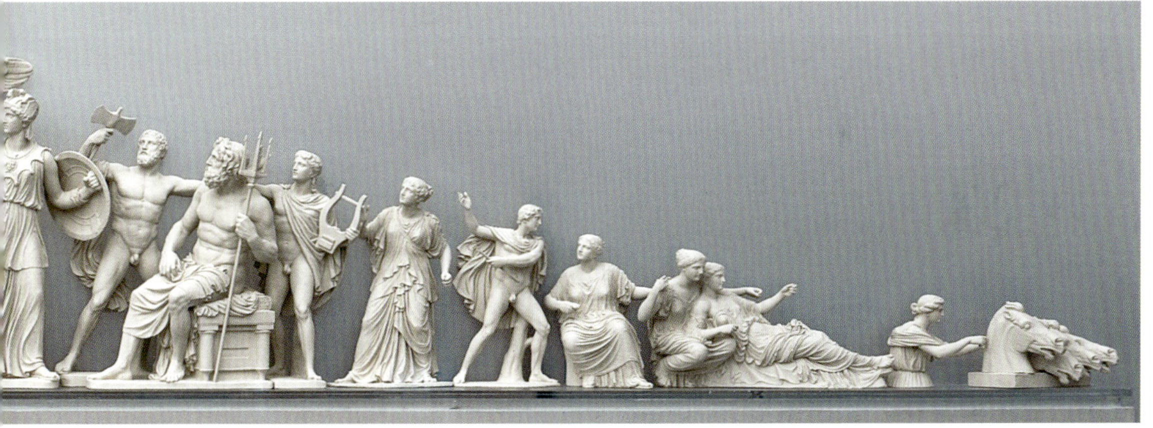

90

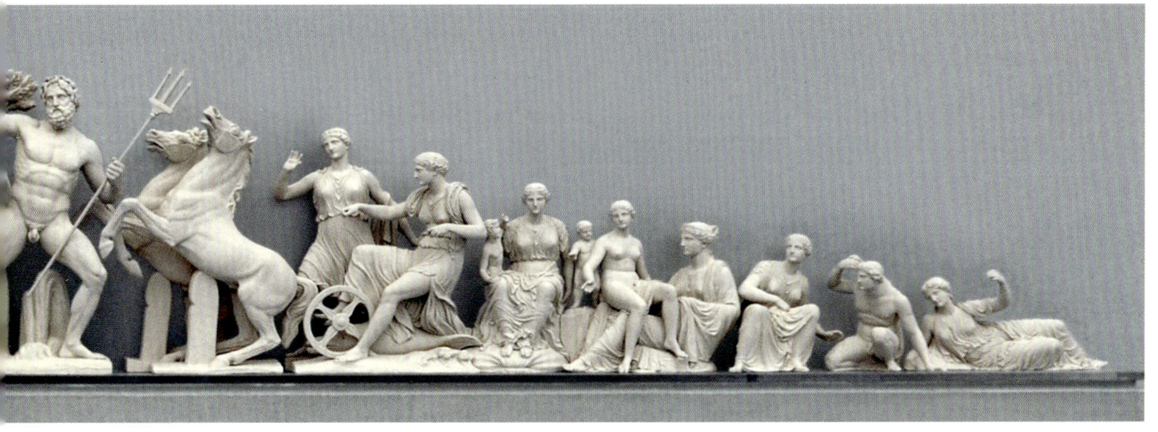

91. Reconstitution graphique de l'extrémité Nord de la façade Est du Parthénon. Au-dessus de la dernière métope de la Gigantomachie avec le char d'Hélios, on distingue sur le fronton les têtes des chevaux du char de Séléné. Plus haut, la base pour l'acrotère d'angle, peut-être une statue de Niké qui volait sur fond de ciel bleu (dessin M. Korrès).

92. Un des deux acrotères centraux du Parthénon, tel qu'il a été recomposé au musée. Il présente une association de pousses d'acanthe et de feuilles d'un type de palmier.

Au milieu du fronton Ouest, était représentée, pour la première fois dans l'art antique, **la dispute d'Athéna et de Poséidon** pour la protection de la cité (fig. 90, 72). Le choix d'Athéna se comprend facilement ; celui de Poséidon, son adversaire, ne doit pas être considéré comme une rivalité, mais comme une manière polie d'honorer en tant que revendicateur un dieu protecteur de la mer et, par conséquent, du rôle naval de la Ligue athénienne en mer Égée. À côté des dieux, il y avait leurs cadeaux, l'olivier, en métal probablement plus qu'en marbre, et l'eau qui jaillissait d'un rocher aux pieds du dieu. Entre eux, apparaissait vraisemblablement le foudre de Zeus qui, d'une part, arrêtait la querelle et ensuite générait l'impressionnant schème artistique de la divergence des deux figures des dieux, auquel on a donné le nom de V de Phidias. À gauche et à droite de la composition centrale, ce sont les chars des deux dieux, dont les chevaux dressés réagissent à l'« explosion » centrale, entraînant leurs deux cochers. Dans les intervalles sont figurés les deux messagers des dieux, Hermès et Iris, qui apportent les résultats du concours aux héros mythiques et aux anciens rois de la cité, assis calmement aux extrémités.

Style et tentative d'interprıtation

La composition des sculptures tympanales comprend de nombreux personnages et elle est plutôt dense. Et pourtant, non seulement les figures s'insèrent normalement dans l'espace triangulaire mal commode, mais le grand créateur transforme les faiblesses de l'espace en qualités et réussit à insérer si facilement les dieux dans le triangle, en leur donnant des postures et des mouvements différents, qu'on a l'impression de les voir évoluer dans leur environnement naturel, et que ce sont là leurs postures normales. La plupart des figures centrales ont été perdues très tôt, mais il semble qu'au fronton Est, Zeus avec Athéna, et au fronton Ouest, Athéna avec Poséidon avaient une hauteur de plus de 3,20 m et une grandeur hégémonique que seul Phidias pouvait leur conférer. De là et jusqu'aux angles, la tension des personnages centraux passe graduellement, comme une vague. À partir d'un certain point, la composition se fait plus calme, avec des figures de tous âges et des deux sexes qui assistent plus qu'elles ne participent, tandis que celles des angles, qu'il s'agisse d'Hélios et de Séléné à l'Est ou des héros allongés et des personnifications des eaux du fronton Ouest, ferment réellement et symboliquement les compositions.

Nous avons donc ici deux épisodes mythologiques qui ont reçu un **nouveau contenu symbolique conceptuel**, de façon à ce qu'ils s'insèrent dans le programme politico-idéologique du décor sculpté. Ce qui est accentué c'est tout d'abord la présence et le rôle décisif d'Athéna dans l'histoire de la cité. Dès le moment dynamique et créateur de sa naissance au fronton Est, jusqu'à sa dispute avec Poséidon au fronton Ouest, tout ce qui se passe au niveau divin a pour but de glorifier Athènes. Les Athéniens tentent de montrer que l'Athéna panhellénique était davantage leur déesse ou seulement la leur.

En même temps, il est frappant de voir que, si dans d'autres compositions tympanales la seule chose qui intéressait était la présence au centre de la divinité adorée, au Parthénon, au fronton Est et sur la frise Est, ce sont tous les dieux qui sont là, dans la plus **brillante apparition de la famille olympienne** de tout l'art antique. Les Athéniens demandent l'attention de tous les dieux parce qu'ils se trouvent au centre du monde. Ils veulent montrer que les dieux naissent, s'intéressent, souffrent, se disputent pour leur cité bien aimée. Avec l'attribution à Athéna du cadeau de l'olivier, ils revendiquaient pour leur cité l'invention de la culture de l'olivier qui était l'une des activités agricoles essentielles.

Au fronton Ouest, la dispute divine s'accompagne avec emphase de la présence des anciens rois et chefs de la cité qui, par leur jugement dans le choix du dieu, laissent apparaître leur puissance. De même, la présence ici de tous les ancêtres mythiques et historiques accentue l'axiome de leur origine autochtone. Et cela parce que dans leur argumentation politique, les anciens Grecs faisaient remonter n'importe laquelle de leurs revendications à des dieux ou des héros dont ils devaient prouver la présence.

Les acrotères

Pour en terminer avec la question du décor sculpté du temple, il faut mentionner ses acrotères, c'est-à-dire les sculptures qui ornaient le faîte et les angles des frontons. Les deux faîtes portaient des acrotères végétaux associant pousses d'acanthe et feuilles de palmier qui, dessinant des courbes en forme de palmette, prolongeaient les façades du temple vers le ciel à plus de 4 m (fig. 92). Les quatre acrotères des angles jouaient le même rôle, sauf qu'au lieu de palmettes, comme on le pensait jadis, on croit aujourd'hui qu'il y avait de grandes Nikés de marbre qui, jambes et bras tendus et les ailes levées, non seulement constituaient des extensions plastiques dynamiques du décor sculpté, mais sous-entendaient aussi symboliquement la dimension victorieuse du monument et de la cité (fig. 91).

91

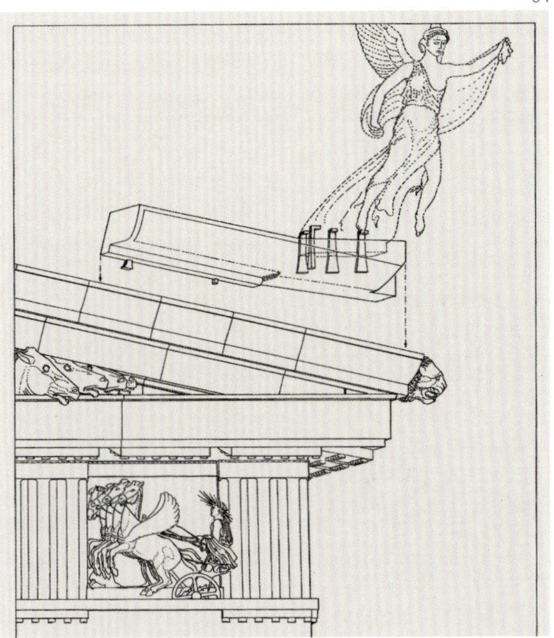

92

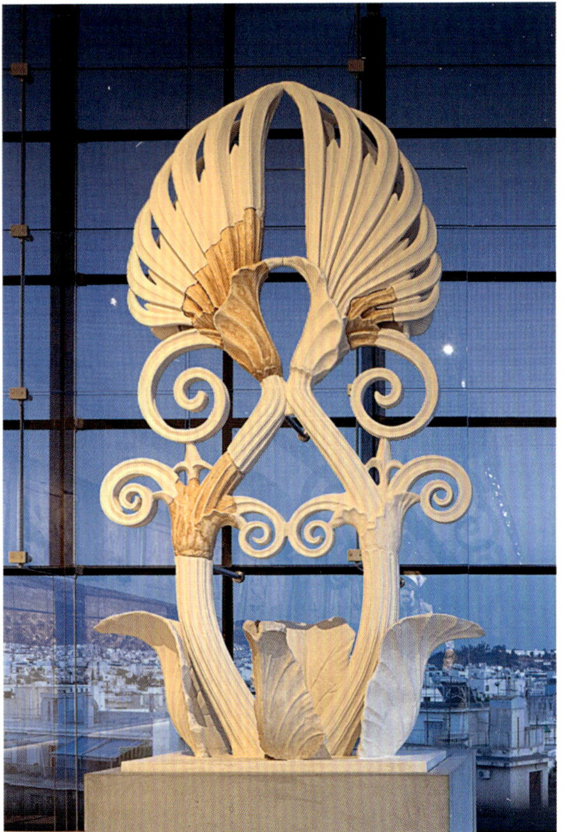

La statue de culte

Enfin, nous ne pouvons laisser de côté la statue chryséléphantine d'Athéna Parthénos, haute de 12,75 m, œuvre de Phidias (*ergon Pheidiou*), qui se trouvait au fond de la cella encadrée par une colonnade dorique à étage (fig. 93). De la statue elle-même il ne reste rien, à part la cavité qui recevait l'armature de bois sur le sol du Parthénon. Nous connaissons pourtant bien sa forme, grâce aux descriptions détaillées d'auteurs anciens et à environ 200 petites copies et représentations postérieures, dans toutes les formes d'art. La copie désormais connue sous le nom d'Athéna du Varvakéion, haute d'1 m environ, fut découverte à Athènes dans les travaux de fondation de l'Établissement du Varvakéion et date de la 1re moitié du IIIe s. apr. J.-C. (fig. 94).

L'œuvre originale était faite d'une armature en bois sur laquelle on avait adapté le visage et les membres de la déesse qui, eux, étaient en ivoire, tandis que les vêtements étaient faits de feuilles d'or pesant 1 150 kg. Ce qui est intéressant, c'est que la figure divine elle-même et les éléments secondaires (Niké dans la main, casque, bouclier, sandales, base) portaient un abondant décor sculpté, avec les même thèmes que le décor sculpté de l'extérieur du temple. Cela vient renforcer sensiblement l'idée que c'est Phidias, le créateur de la statue, qui conçut et dessina le décor de l'ensemble du monument. Les éléments ornementaux de la statue expliquaient l'essence de la déesse et commentaient son importance pour Athènes.

93. Coupe longitudinale du Parthénon montrant la coupe transversale intérieure du monument. La statue chryséléphantine d'Athéna Parthénos occupait une place centrale au fond de la cella (dessin A. Orlandos).

94. L'Athéna dite du Varvakéion, une copie en marbre, beaucoup plus petite et simplifiée de l'œuvre de Phidias. Elle fut sculptée 600 ans après l'original, ce qui montre l'admiration que continuait de susciter cette création (1re moitié du IIIe s. apr. J.-C.).

93

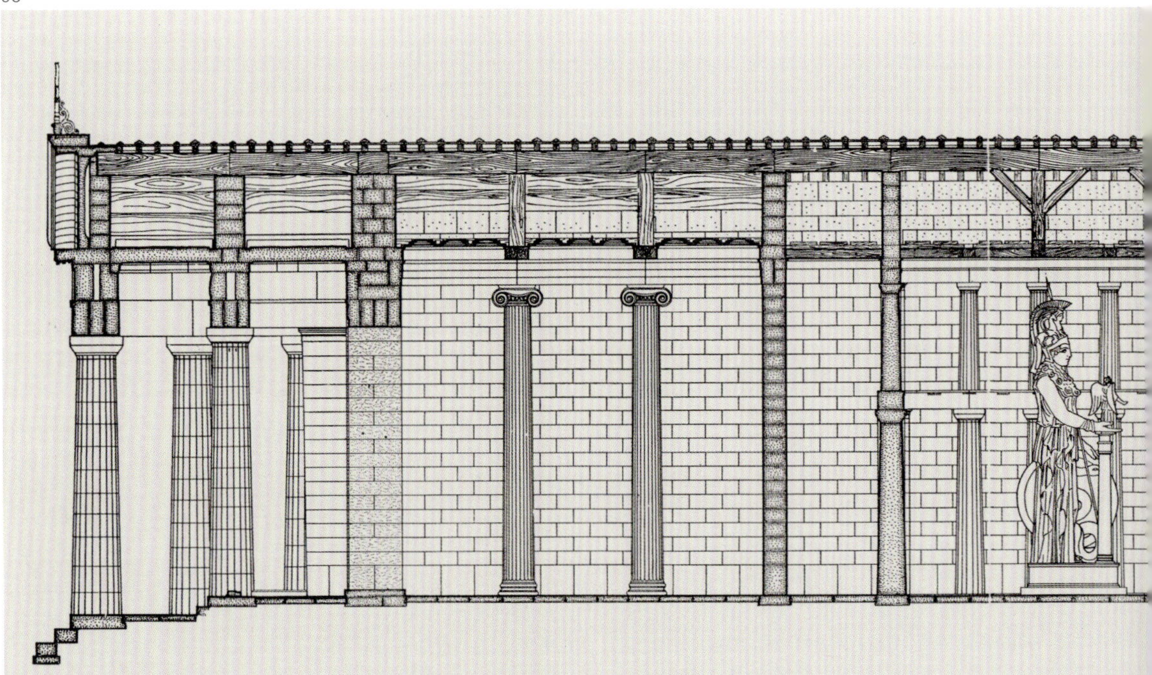

Idéologie et politique dans les monuments de l'Acropole

En dépit des innovations qui apparaissent dans le programme architectural du gouvernement athénien sur l'Acropole, commandé et inspiré par Périclès, aussi bien l'architecture que le décor sculpté des édifices, tiennent compte de la tradition du rocher sacré et des sanctuaires antérieurs. Mais maintenant, toutes ces anciennes formes, traditions et valeurs non seulement ont pris un nouvel aspect, sur le plan artistique et idéologique, mais elles renforcent leur puissance symbolique de façon à transporter de manière dynamique **les nouveaux messages de puissance et d'hégémonie** que la cité souhaitait faire passer.

Au Parthénon comme dans tous les autres grands ouvrages, rien n'est laissé au hasard. Cela apparaît aussi d'une manière tout à fait évidente lorsqu'on étudie le décor sculpté qui atteste la conception unique et le tissu assurant la cohésion des thèmes, des ensembles et des figures. Il contenait sans aucun doute des messages politiques, voulant : a) démontrer qu'Athènes était la ville bien aimée des dieux, b) argumenter l'origine autochtone des Athéniens et c) exalter leur rôle dans les luttes et les victoires contre les ennemis mythiques et historiques, dans le but de justifier leur hégémonie panhellénique. Ces deux valeurs, le combat et la victoire, sont deux motifs qui, tantôt avec précision, tantôt de manière allusive, relient les figures et les thèmes dans tous les monuments.

Le décor sculpté du Parthénon en particulier était organisé de bas en haut, suivant une **distinction axiologique**. En même temps, on observe une

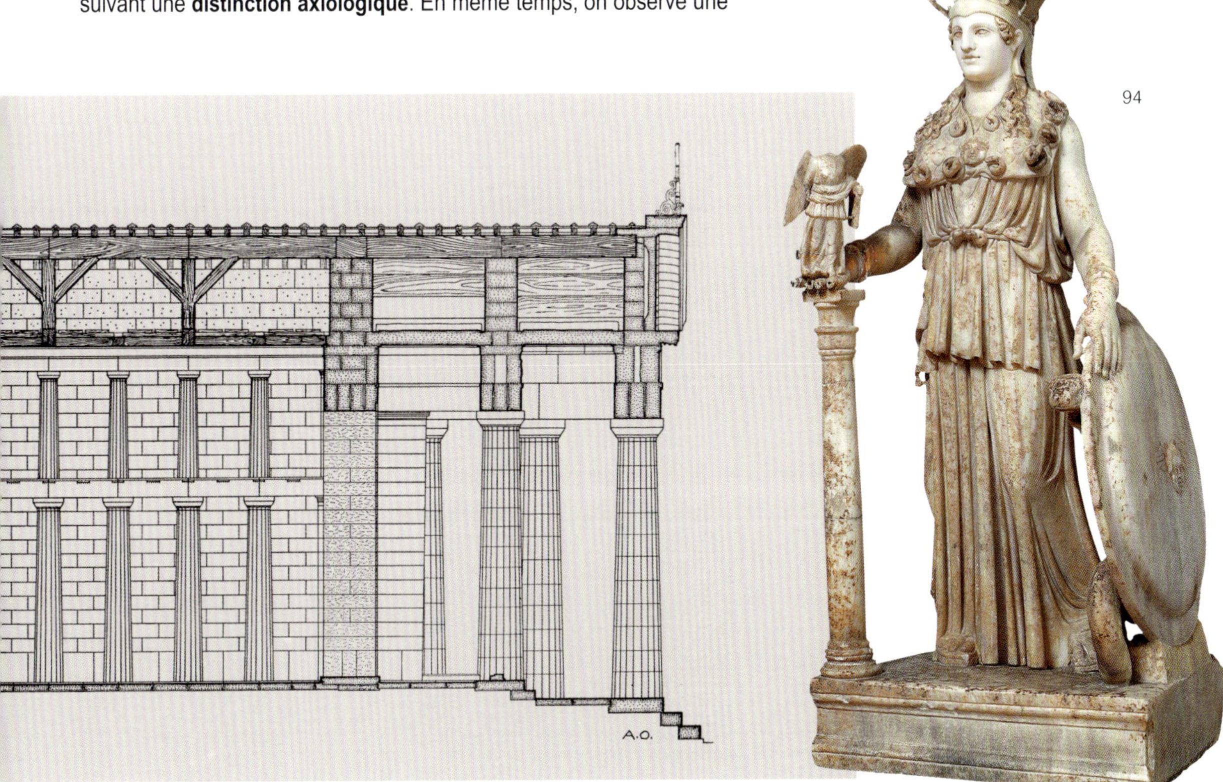

94

hiérarchisation dans le sens de la longueur et d'Est en Ouest, le côté Est du temple étant plus important que l'autre. Ainsi, aux frontons, qui correspondent au plan céleste, ce sont les dieux qui dominent. Sur le fronton Est, nous n'avons que des dieux, dont certains sont acteurs, les autres spectateurs. Sur le fronton Ouest, nous avons aussi des dieux comme acteurs, et des héros comme spectateurs et juges. Un peu plus bas, sur les métopes, qui correspondent au plan héroïque, sont représentés des sujets de la mythologie, quoique du côté Est, avec la Gigantomachie, nous ayons des dieux, alors que dans les autres luttes, on ne trouve que des héros. Enfin, au niveau terrestre, sur la frise, sont représentés, pour l'unique fois dans l'art antique, sur les trois côtés, des mortels, les Athéniens, en tant que protagonistes, et sur le côté Est tous les dieux qui sont même spectateurs de l'activité humaine ! Il s'agit d'une **coexistence consciente du champ divin et du champ humain**, qui ici bien sûr est exprimée d'une manière

95

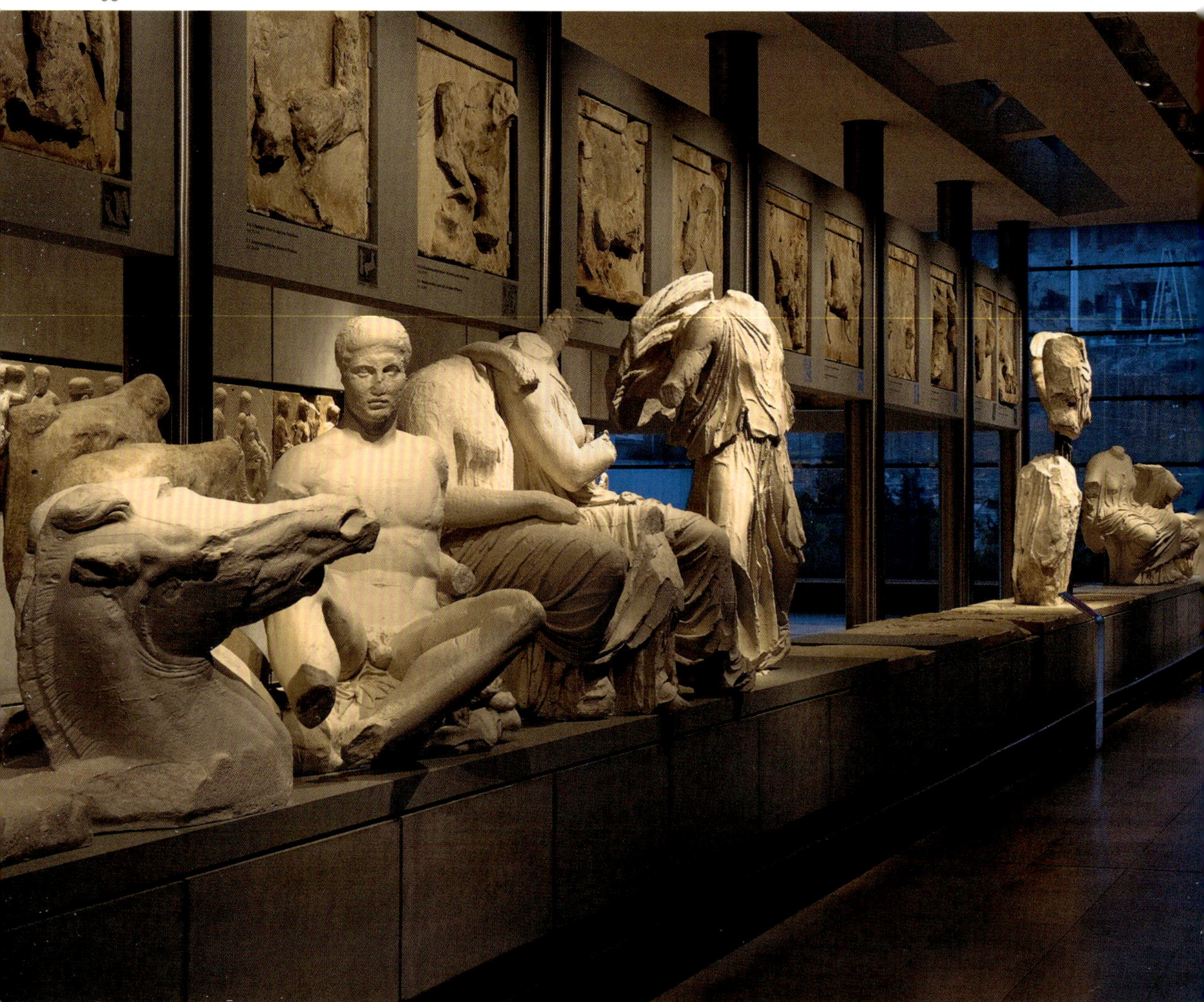

95. Vue de l'exposition d'une partie du fronton Est du Parthénon et des métopes Est. Le contact visuel direct du spectateur avec le monument sur le rocher permet de faire des rapprochements artistiques et historiques.

allusive, mais sans aucune tendance à la modestie, ce qui conduisit à parler de l'arrogance des Athéniens. Dans chaque cas, il s'agit d'œuvres d'art au service de la politique, ce qui pourrait justifier certaines exagérations. Ces œuvres ne perdent pourtant rien de leur grandeur et de leur valeur.

Quoi qu'il en soit, et au-delà des interprétations parfois exagérées, qui dépassent peut-être les intentions réelles de ceux qui les ont élaborées, une chose est absolument sûre : ces magnifiques compositions de Périclès et de ses conseillers, de même que leur application par la démocratie athénienne, ont bien sûr atteint leur objectif de faire d'Athènes la capitale hégémonique du monde grec, mais elles ont aussi réussi quelque chose que leurs créateurs n'attendaient pas : elles ont défié le temps et les époques et sont devenues des œuvres incomparables liées aux plus grands moments de l'expression spirituelle et artistique dans l'histoire de la civilisation.

BIBLIOGRAPHIE

A. Orlandos, *Η αρχιτεκτονική του Παρθενώνος* (1977).

J. Boardman, *Greek Sculpture. The Classical Period* (1985).

M. Korres, *From Pentelicon to the Parthenon* (1993).

Ch. Bouras, M. Korrès, N. Toganidis, *Μελέτη αποκαταστάσεως του Παρθενώνος* (I-V, 1983-1994).

R. Economakis (éd.), *Acropolis Restoration. The CCAM Interventions* (1994).

D. Giraud, *Μελέτη αποκαταστάσεως του ναού της Αθηνάς Νίκης* (1994).

T. Tanoulas, *Μελέτη αποκαταστάσεως των Προπυλαίων* (1994).

P. Tournikiotis (ed.), *The Parthenon and its Impact in Modern Times* (1994).

R. F. Rhodes, *Architecture and Meaning on the Athenian Acropolis* (1995).

M. Korrès, Τοπογραφικά ζητήματα της Ακροπόλεως, dans M. Grammatikopoulou (éd.), *Αρχαιολογία της πόλης των Αθηνών* (1996), 57-106.

M. Brouskari, *The Monuments of the Acropolis* (1996).

M. Korres, G. Panetsos, T. Seki (eds.), *The Parthenon. Architecture and Conservation* (1996).

O. Palagia, *The Pediments of the Parthenon* (1998).

I. Trianti, *The Acropolis Museum* (1998).

J. Hurwit, *The Athenian Acropolis. History, Mythology, and Archaeology from the Neolithic Era to the Present* (1999).

G. Gruben, *Heiligtümer und Tempel der Griechen* (2000).

M. Korrès, Κλασική αθηναϊκή αρχιτεκτονική, dans Ch. Baouras *et al.* (éds), *Αθήναι. Από την κλασική εποχή έως σήμερα* (2000), 5-45.

C. Hadziaslani, *Promenades at the Parthenon* (2001).

J. Neils, *The Parthenon Frieze* (2001).

B. Holtzmann, *L'Acropole d'Athènes. Monuments, cultes et histoire du sanctuaire d'Athéna Polias* (2003).

J. Hurwit, *The Acropolis in the Age of Pericles* (2004).

A. Délivorrias, *Η Ζωοφόρος του Παρθενώνος* (2004).

M. Cosmopoulos (ed.), *The Parthenon and its Sculptures* (2004).

J. Neils (ed.), *The Parthenon from Antiquity to the Present* (2005).

St. Elefthératou (éd.), *Το Μουσείο και η ανασκαφή. Ευρήματα από τον χώρο ανέγερσης ου νέου Μουσείου της Ακρόπολης* (2006).

Fr. Queyrel, *Le Parthénon, un monument dans l'histoire* (2008).

K. Hadziaslani, E. Kaïmara, A. Léonti, *Τα γλυπτά του Παρθενώνα* (2009).

A. Scholl, Τα αναθήματα της Ακροπόλεως από τον 8ο-6ο αι. π.Χ. και η συγκρότηση της Αθήνας σε πόλη-κράτος, *Αρχαιολογία και Τέχνες* 113, déc. 2009, 74-85.

Chr. Vlassopoulou, St. Élefthératou, A. Mantis, E. Touloupa, A. Chorémi, *Ανθέμιον* 20, Δεκ. 2009, 6-34.

Dialogues on the Acropolis. Scholars and Experts Talk on the History, Restoration and the Acropolis Museum, Σκάι βιβλίο (2010).

E. Greco, *Topografia di Atene. Sviluppo urbano e monumenti dalle origini al III secolo d.C.* (2010).

Chr. Vlassopoulou, *Ακρόπολη και Μουσείο. Σύντομο ιστορικό και περιήγηση* (2011) (3e éd.).

A. Papanikolaou, *Η αποκατάσταση του Ερεχθείου 1979-1987* (2012).

D. Pandermalis, St. Élefthératou, Chr. Vlassopoulou, *Musée de l'Acropole. Guide* (2015).

CRIDITS PHOTOGRAPHIQUES

ARCHIVES / PHOTOGRAPHES

ARCHIVES DES ÉDITIONS KAPON : fig. 26, 54, 90 • p. 1-4, fig. 3, 4, 22, 23, 34, 41, 49, 86, cl. M. Kapon • fig. 6, 7, 8, 9, 11, 12, 14, 20, 21, 25, 27, 30, 31, 32, 33, 35, 36, 37, 38, 39, 42, 43, 44, 51, 52, 56, 57, 59, 60, 61, 72, 75, 76, 77, 78, 79, 80, 81, 82, 95 cl. S. Mavrommatis • fig. 18, 24, 94 cl. Chr. Iossiphidis, G. Moutevellis • fig. 50 cl. D. Plantzos
© MUSÉE DE L'ACROPOLE : fig. 5 cl. N. Daniilidis • fig. 10, 89 cl. V. Tsiamis • fig. 15, 16, 17 cl. I. Kossidas • fig. 19, 74 cl. S. Mavrommatis
ARCHIVES DE LA SOCIÉTÉ ARCHÉOLOGIQUE : fig. 69
ARCHIVES A. KOKKOU : fig. 48, 53
ARCHIVES M. KORRÈS : fig. 40, 45, 63, 64, 84, 85, 91
ARCHIVES YSMA : fig. 58, 71
BRISITH MUSEUM © THE TRUSTEES OF THE BRITISH MUSEUM : fig. 47, 73, 83
VISUAL HELLAS : fig. 55, 67, 87, 88
N. DANIILIDIS : fig. 92
K. KAZAMIAKIS : fig. 13

LIVRES

A. Papageorgiou-Venetas, *The Athenian Walk and the Historic Site of Athens*, Éd. Kapon, Athènes 2010 : fig. 1
P. Valavanis (ed.), *Great Moments in Greek Archaeology*, Éd. Kapon, Athènes 2007 : fig. 2
I. Papantoniou, *Greek Dress. From Ancient Times to the Early 20th Century*, Emporiki Bank, Athènes 2000 : fig. 28
M. Moore, *AJA* 99, 1995, 633-639, fig. 7 : fig. 29
A. K. Orlandos, *Η αρχιτεκτονική του Παρθενώνος*, Βιβλιοθήκη της εν Αθήναις Αρχαιολογικής Εταιρείας, Athènes 1995 : fig. 62, 93
D. Harris, *The Treasures of the Parthenon and Erechtheion* (1995) fig. 1 : fig. 65
J. J. Coulton, *Greek Architects at Work* (1977) 108, fig. 44 : fig. 66
G. P. Stevens, The Periclean Entrance Court of the Acropolis of Athens, *Hesperia* 1936, 443-520 : fig. 68
G. P. Stevens, The Setting of the Periclean Parthenon, *Hesperia Suppl.* 3 (1940) : fig. 70

CONCEPTION ARTISTIQUE : RACHEL MISDRACHI-KAPON
CONSEILLER ARTISTIQUE : MOÏSE KAPON
ÉDITION DES TEXTES : BÉATRICE DETOURNAY
DTP : ELENI VALMA, MINA MANTA